U0085779

政治社會化

社會化

理論與實證

袁頌西

學歷／國立臺灣大學政治學系學士

國立臺灣大學政治學研究所碩士

美國印第安那大學碩士

美國芝加哥大學訪問研究

經歷／國立臺灣大學政治系講師、副教授、教授

國立臺灣大學政治系所主任

國立臺灣大學法學院院長

國立暨南國際大學籌備處主任、首任校長

現職／國立臺灣大學名譽教授暨政治學系所兼任教授

三民書局

國家圖書館出版品預行編目資料

政治社會化:理論與實證 / 袁頌西著.－－初版一
刷.－－臺北市；三民，2004
　　面；　公分

　ISBN 957-14-3951-7　(平裝)

　1.政治社會學 2.政治心理學

570.15　　　　　　　　　　　　　92019571

網路書店位址　http://www.sanmin.com.tw

© **政治社會化:理論與實證**

著作人	袁頌西
發行人	劉振強
著作財產權人	三民書局股份有限公司 臺北市復興北路386號
發行所	三民書局股份有限公司 地址／臺北市復興北路386號 電話／(02)25006600 郵撥／0009998-5
印刷所	三民書局股份有限公司
門市部	復北店／臺北市復興北路386號 重南店／臺北市重慶南路一段61號

初版一刷　2004年1月
　編　號　S 571230
　基本定價　參元陸角
行政院新聞局登記證局版臺業字第○二○○號

ISBN　957-14-3951-7　(平裝)

序 言

「政治社會化」(political socialization) 這一名詞，在傳統政治學中是看不到的，因為傳統政治學預設政治活動是成年人的事。但自行為主義 (behavioralism) 政治研究這股潮流興起，政治學者對於政治行為的發生，其看法有了與以前極大的轉變。他們認為成年人的政治行為與政治態度，並非是在成年後才發生的，而是早在未成年前即已逐漸養成了。它們既具有社會性，也具有心理性。換言之，人的政治行為與政治態度，乃是一連續不斷的過程 (process)。而早年的孕育過程，對於成年後的表現，常具有決定性的影響。基於這一深刻的認識，使得受到行為主義影響的新政治學，幾無不列專章討論政治社會化有關的問題，庶幾讓讀者明瞭一國的國民性 (national character)，國民政治行為的總體特徵，與各種制度的創設及變革等，無一不與政治社會化的過程有關。

臺灣在上世紀五〇年代以後，也受西方行為主義潮流的影響，自美國引進了新的政治研究概念與理論，在國內從事教學與研究。經過約二十年左右的努力，成果相當豐碩。本書中的實證研究，就是過去獨立研究的一些成果的彙整。現在將其重新編寫付梓，以饗同好。

本書除了實證研究以外，也將政治社會化研究的源起、理論進展等問題加以全面探討，以饗讀者。但本書的重點，乃在實證研究方面。雖然這些研究仍屬片段，不夠全面，但至少可以窺見我國當前政治問題何以如此的一斑。那就是權威主義 (authoritarianism) 的特徵，從個人

的心理與性格上，到行為層面上，從社會文化到政治範圍，其遺緒尚未有效清除，而仍然到處瀰漫著。連兒童性格上，都看得到它的影子，更何況成年人呢！這一因素若不能有效地消除或減弱，以「容忍」、「理性」、「開明」等為基礎價值的實質民主，何時得以實現？

　　本書得以順利編撰完成，得力於臺大政研所碩士班畢業生鍾岳勳同學協助甚大。他不但幫助我將原稿打字，且代為校正統計圖表上的一些瑕疵，在此特地表示謝意。

　　　　　　　　　　　　　　　　袁頌西
　　　　　　　　　　　　　　　　2003 年 6 月

政治社會化：理論與實證

目　次

第一章 導 論

二次世界大戰後，新興獨立的國家不在少數，但大致均面臨三個重大問題，一時無法解決，以致步履蹣跚，遲滯不前，距離已開發國家愈來愈遠。

第一個重大問題，是如何建立統一的國家問題。有些國家表面上是獨立了，實質上在文化、社會與族群等問題上，仍然是處於嚴重分裂的狀態之中，甚至於發生內部（包括內戰在內）的嚴重衝突，而無法得到解決。

第二個重大的問題，是如何從過去權威的統治體制，轉變為現代參與型的民主體制。二次大戰後許多新興國家，大致均仿照西方民主國家的體制，制訂了憲法，產生了民選的政府及議會，實質上則是威權統治依舊。仿照西方的民主憲法，條文雖然冠冕堂皇，那只是個裝飾的門面而已，當權者很少認真去執行。至於一般人民大眾，也未覺悟到自己已是國家真正的主人翁，而積極要求參與政治，尚停留在逆來順受的被統治者心態中。所以民主轉型困難重重，能夠轉型成功的新興國家，迄今少之又少。

第三個重大問題，是如何建立有效能的施政體系問題。這裏面包括決策體系的效能與執行體系的效能兩個方面。一般而言，除少數國家如新加坡者，新興國家在這兩方面均有所欠缺。在決策方面，不是常常沒有方向，掌握不到一般人民大眾的真正需求，就是主觀主義掛帥，制訂了人民大眾所不喜、甚至厭惡的政策。在執行方面，縱有良

法美意，但由於文官素質的低落、傳統的積習等因素作祟，常致績效不彰，導致民怨叢生，從而使政府威信掃地。如果再有貪污舞弊與特權橫行，更使內政惡化，社會秩序陷入長期混亂的泥淖之中，而沒有希望返回政治、社會清平之日。

以上三個重大問題，幾乎俱是二次大戰後新興國家所面對的困難，能夠找到完全克服之道的，迄今並不多見。而且這三個問題，常常是同時發生，更增加解決的困難。即使能夠克服上述一種或多種問題，常需要很長的時間，方才見到一些效果。縱然見到了一些效果，仍然是一長期繼續奮鬥的過程，不能中途停滯；因為一有停滯，即會發生「倒退」的現象。在二次大戰後，新興獨立國家中，在上述三大問題上產生「倒退」的現象，並非少見。熟悉亞、非、拉美三大洲各國政情者，均可指出上述問題之所在。

我國在 1911 年辛亥革命推翻君主專制，建立共和之後，即面臨上述的三項重大問題。就建立統一的國家問題來說，由於嚴重的外患與內部的紛爭割據，迄今長達九十餘年，仍然看不到達成這一目標的可能時間。次就第二個重大問題來說，直到 1947 年才出現第一部並未得到全國各黨派一致擁護的民主憲法。而這部憲法公佈施行之日，正是內戰規模巨大、程度激烈之時，所以這部憲法在先天上就注定了無法施行於全國的命運；而且它只搭了個部分骨架，距離真正民主的施行，路途仍然遙遠。立憲政府因在大陸內戰失敗，退處臺灣之後，雖然施行了地方選舉，建立了地方民選議會，但這只是民主的一個起步而已。民主所需要的其他要件，如自由的輿論，獨立而公正的司法，人民自由權利的有效保障，與結社集會的自由等，尚未受到憲法充分的保障，反而時時遭受到行政權不當的侵害。此一情況直至民國七十八年解除戒嚴後，才逐漸有了改善。但憲政的實施，由於幾次不當的修憲，使

原先設計的憲政骨架變得支離破碎，幾乎破損了原先制度設計的內在邏輯，從而使民主的運行逐漸脫離了制度的軌道，變質成為浮躁性質的民粹政治。再加上雄辯型政客們有意地操弄，更增加了內部有效治理的困難。這一趨勢如聽任其繼續發展下去，中華民國在臺灣推動的民主體制，恐怕又將面臨一個新的轉折點——返回新的威權政治 (authoritarianism) 上去，從而使民主政治發生倒退的現象。如果真的是這樣，則是剛露曙光的中國民主政治發展過程中的又一次頓挫。

最後，就施政的效能來說，民國以還，除在臺灣的一段時期較好以外，總的來說，都在低弱的狀況之中。原因固不止一端，但主要是由於高素質的文官體制 (bureacratic system) 一直建立不起來。雖然1949 年以後，政府在臺灣努力樹立較中立的文官體制，卻又不時遭到執政當局的破壞，以致士氣頹喪，無法發揮中立文官體制的積極功能。縱然在過去國家發展的過程中，某一個階段在某些方面如經濟、教育等方面，曾獲致了一些成就，但常常是上上下下、曲折蛇行，而且無法預期其能保持一致的水平，更不用說是向上發展了。

綜合以上的分析，新興國家不論是由殖民獨立的，或經革命過程由君主專制體制轉變成民主共和體制的，不但遭遇制度上的變革，更面臨支撐新制度，與改變人民生活方式的價值觀念體系 (value system) 的重大變遷。模仿別的國家，照抄人家的制度比較容易，但吸收別人制度背後的價值觀念，變成自己原有價值體系中有機的部分，則非易事；非經過一段很長時間的「努力」，不易見到績效。這種長時間的努力，固然「途徑」與「手段」眾多，但不可忽視的一個過程，就是通過現代社會學所常用的一個概念——社會化的過程 (socialization process)；經由這一過程，利用明示或暗示社會化的途徑或手段，將建立統一國家及轉型的代議民主體制等所需的價值觀念及行為方式，灌輸

到人們，特別是年輕世代的腦海之中。在這一過程之中，自難免發生
新舊價值觀念的衝突，有時甚至相當嚴重。愈是傳統文化深厚的國家
如中國者，愈有這種現象。但不經過這一階段，新舊文化的價值觀念
無法整合起來，變成一個新的有機整體。總的觀察，中國百餘年來，
就是在循著這一軌跡向前邁進。何時走出這一「歷史三峽」（旅美史學
家唐德剛的用語）❶，各方面呈現一個新貌，仍在未定之天。本書的
目的，即在用比較的觀點，探討我國如何通過社會化，特別是政治社
會化 (political socialization) 的過程，來解決上述新興國家所面臨的共
同問題，以達成建立民主共和國的目標。其次，本書的主要資料，除
國外的一些實證研究資料以外，主要是根據本人自民國五十七年 (1968
年) 起在臺灣地區所從事的一連串有關政治社會化的實證研究。但由
於所做的研究，所涉層面大致局限於家庭和學校在政治社會化過程中
所扮演的角色，而且只限於一部分的角色，其他諸如大眾傳播媒體，
所參與的有形與無形的團體等，均尚未涉及，而有待日後的努力。所
以本書在實質上，乃是討論政治社會化問題尚不夠全面的一本著作，
這是深以為憾的地方。不過，從這些片段的研究中，或可窺知我國在
這方面所產生的問題，及今後應努力改進的地方。

❶ 唐德剛認為，中國要走出這個「歷史三峽」，大概要經過二百年左右的
時間。這個推測，可能是他根據西方國家的經驗而推估出來的。這種
推測，似有些樂觀。我們的理由是：中國歷史文化不但有其獨特性，
而且有其長達四、五千年的延續性，要想作一「革命性」的轉變，與
專制完全斷絕，走向真正代議民主，談何容易。由 1911 年辛亥革命以
還，迄今已九十餘年，在臺灣所建立起來的代議民主政治，仍只是形
式而已，距離其成為全國上下的一種「生活方式」(form of life)，仍然
遙遠。唐德剛的看法，見其所著《晚清七十年》，臺北：遠流，1998 年，
第一冊，頁 29–37。

　　本書共分為八章，除第一章導論外，第二章討論政治社會化這一
學門的起源、意義及其理論進展等。第三章在中美兒童政治社會化比
較的基礎上，分析我國兒童政治知覺成長的情形。第四章則在討論我
國家庭權威模式及教養方式，與兒童的政治功效意識及其人格結構有
無關係。第五章則從家庭政治化的角度，來探討其對兒童的政治功效
意識及人格結構的影響。第六章則從公民教育的學習，分析其在兒童
政治社會化過程中，對於他們政治功效意識及其人格結構有何影響。
第七章旨在分析民國以來中小學公民課程內容的重點為何。第八章除
總結各章的研究結論外，並推測主要影響兒童政治功效意識與其人格
結構者，乃為環境因素，即大環境具權威主義傾向的特徵，影響兒童
們的政治功效意識及其人格結構。

　　由於本書主要為一實證研究，故自變項不外乎一般屬於社會的變
項，如性別、家庭社經地位等，而依變項主要集中於政治認知、政治
功效意識與兒童人格結構中權威主義傾向等三個方面。測量這些特質，
主要是靠所設計的一些量表。

　　雖然這些研究實施於 1970 年至 1980 年之間，與編撰成書之際，
有時間上的落差，但我們深信，其間縱有些變化，不可能完全改變多
年累積所形成的大趨向，所以仍然有供後來者參考的價值。

第二章 政治社會化研究的源起、意義、理論進展，與本書的分析架構

第一節 政治社會化研究的源起

在傳統的政治學中，不但沒有有關政治社會化的研究，根本沒有「政治社會化」(political socialization) 這一名詞。沒有這一名詞，並不表示政治思想家或政治哲學家們不重視這一問題，而是用「公民教育」或「公民訓練」這一名詞，代替現代政治學者所喜用的「政治社會化」概念。例如在西方希臘時期，柏拉圖 (Plato) 即認為政治體制 (body politic) 的穩定或變遷，主要是依賴公民訓練的性質；政治體制從貴族政治 (aristocracy)，經由尊榮政治 (timocracy)、寡頭政治 (oligarchy)、民主政治 (democracy) 到暴君政治 (tyranny) 這一每況愈下的循環，乃是由於不良政治教育的結果。而且在此循環之中，每一階段的政治變遷，都呈現出下一代反抗或顛覆上一代價值觀念的情形❶。至於亞里斯多德 (Aristotle) 亦認為立法者應非常重視年輕人的教育❷。

自柏拉圖、亞里斯多德以降，西方傳統的政治思想家們對於教育

❶ 見 Plato, *The Republic*, viii and ix.

❷ 見 Aristotle, *Politics*, vii, I.

與政治之間關係的討論，可以以下列一語表示之：「什麼樣的國家，就有什麼樣的學校。」或「凡是國家所希望者，就必須放在教育裏。」❸

其在我國，影響社會化最大者，是為儒家思想。儒家所講求的修齊治平之道，二千餘年以來，一直為我國教育，也即政治社會化的核心目標，而且從社會到政治層面，一直一以貫之。就是到了民國共和時期，這個核心價值並未完全放棄。在民國初年的中小學課程中，仍然重視「修身」一科；後來雖改稱為「公民」科，仍然見到「修齊治平」的影子。由此可見儒家思想對我國教育，也即政治社會化過程影響之深厚巨大了。

降及近代，在西方一般討論民主政治的理論家們，亦認為教育雖非民主政治建立與發展基本的必要條件，但與民主政治的存續確有關聯。例如哲學家杜威 (John Dewey) 與政治學者李普薩 (Seymour M. Lipset) 均持此一看法❹。

惟傳統政治學在法律─制度研究法 (legal-institutional approach) 為主的階段，根本不重視包括學校教育在內的政治社會化過程與政治的關聯性。一直到當代政治研究由傳統政治學轉變為行為主義 (behavioralism) 政治學之後，才開始重視政治社會化的研究。所以，當代政治學的教科書，幾乎沒有不列專章討論政治社會化的問題。

其實，「社會化」(socialization) 的研究，在社會科學中並非是一門

---

❸　James S. Coleman,"Education and Political Development,"ed. by James S. Coleman, *Education and Political Development*, Princeton, N.J.: Princeton U. Press, 1965, p. 6.

❹　Seymour M. Lipset,"Some Social Requisite of Democracy: Economic Development and Political Legitimacy," *American Political Science Review* (*APSR*), 1959, pp. 69–105.

新的領域，早為社會學、社會心理學、人類學與精神病理學研究的課題，其意為個人學習成為社會一分子的歷程。惟以前的學者，對於社會化的研究，僅限於兒童的社會學習歷程 (social learning process)，而不大注重成年人的社會學習經驗。所以這一名詞早期的或傳統的涵義，幾乎與「教養兒童」同義。現在一般學者們則認為從前這一使用法頗不適宜，應將這一概念的意義予以擴張，即成年人的學習行為亦應包含在內。因為他們認為社會化作為一歷程來看，並非是停止在某一階段的，而是在人的一生中繼續不斷進行著的。在一個人擔任一個新的職位，參加一個新的團體，或甚至於初為人父母時，這種社會化的歷程仍然是相當活躍的。

　　儘管學者們對社會化問題研究的取向發生了改變，但在今天仍無人可以否認一個人早年（也即是兒童時期）的社會化經驗有決定性的作用。所以現在關於社會化的研究，大部分仍局限於兒童時期，很少及於成年以後的時期。

　　政治行為既是人的整個社會行為的一個部分，則政治社會化 (political socialization) 自為一般社會化的一面或一部分。但以前政治學者對於社會化很少注意及之，而將政治上的現象，完全看作是成年人的行為結果；這些行為與其兒童時期的經驗毫不相干。一直到 1950 年左右，由於社會心理學家們的努力，才發現政治行為乃為學習而得的行為。所以韓門 (Herbert H. Hyman) 氏說：「瞭解政治系統 (political system) 穩定的下述命題，其重要性至為明顯，即：人類的政治行為必定為早期習得的，而且是繼續存在的，否則不但不會有任何規律存在，而且會產生混亂。」❺同時期，政治學已逐漸完成其從哲學、法律、歷

---

❺　參見 Herbert H. Hyman, *Political Socialization* (Glencoe: The Free Press, 1959), p. 17.

史學等之中解放出來，而建立起屬於自己的一個領域，並又旁伸到以前屬於心理學及社會學的範圍，所以才很快地注意到政治社會化的問題，開始從這方面去作調查研究的工作。

但上述的話，並不意味著政治科學家們對於個人政治行為演進的興趣發生得很晚。早在 1930 年代，美國政治學家梅里姆 (Charles E. Merriam) 氏即曾主編了一套有關個人政治行為發展的九冊叢書❻。該叢書有一特點，即將政治學習看作是一廣泛的歷程，不但兒童時期的訓練包括在內，而且以後不斷的影響及學習均包括在內。基於這一觀點，參與執筆的學者廣泛地檢討了包括政黨、私人組合以及文官制度在內的各種制度。這一研究固然有開創之功，但對於個人行為發展的歷程，並未使用直接觀察的方法。他們對於成年前期的個人行為發展的研究，只是局限於學校制度與青年團體等的形式分析而已。奇怪的是，這時並未發現家庭為一社會化的機構。

不過在這時，梅里姆氏不但已覺察到有直接觀察個人包括兒童在內的政治參與行為的必要，而且在 1925 年，他即預言：「研究兒童政治行為及政治理念的起源與發展，會帶給我們科學地瞭解成年人的行為與理想莫大的價值。」❼後來梅氏的學生，拉斯威爾 (Harold D. Lasswell) 氏也不時主張應研究各個年齡階段的政治社會化❽。但到 1954 年，在研究投票問題的著作裏，仍然缺乏有關兒童政治意識與政治行

---

❻　該叢書的總結篇為 Charles E. Merriam 的 *The Making of Citizens* (Chicago: University of Chicago Press, 1931)。

❼　Charles E. Merriam, *New Aspects of Politics* (Chicago: University of Chicago Press, 1925), p. 85.

❽　Harold D. Lasswell, *Power and Personality* (New York: Norton, 1948), pp. 156–157.

為發展的資料。不過到這一時期，已有不少部分顯示公民行為發展過程的研究出現，但是它們仍然是分散無系統的，而且此種研究並非是從政治學的觀點出發的。

由於從未有過學者直接從事政治社會化的研究，所以即使許多普通的政治定向發展的資料皆甚為貧乏。惟與政治有關的許多社會行為，已受到相當的注意了。例如兒童的興趣、希望、恐懼，認同的人物類型和他們的媒介行為 (media behavior)，兒童早年的階級與種族的知覺，以及早年的經驗對於其後的政治行為的影響等，已由兒童心理學家、人格心理學家等加以研究了。將這些研究部分加以綜合並重新分析其政治的涵義者，是為韓門氏 1959 年的著作❾。

韓門氏雖非政治學家（他是研究社會心理學的學者），但是他是第一位用「政治社會化」這一名詞作為著作名稱的人。大約在同一時間或稍後一點，政治學者才開始做真正的政治社會化的經驗研究 (empirical research)。1960 年由葛林斯坦 (Fred I. Greenstein) 及伊士敦 (David Easton) 與海斯 (Robert D. Hess) 所主持的兩個獨立但相當相關的研究成果同時出現❿，為政治社會化的研究開闢了一個新的道路。從此以後，從事這方面研究的學者越來越增加。而在近年來討論政治理論的著作裏，亦開始重視政治社會化的意義。例如亞蒙 (Gabriel A. Almond) 與包威爾 (G. B. Powell, Jr.) 二氏合作的著作《比較政治: 發展研究法》

❾　Herbert H. Hyman, op. cit.

❿　Fred I. Greenstein,"The Benevolent Leader: Children's Image of Political Authority,"*American Political Science Review (APSR)*, vol. 54, 1960, pp. 934–943; David Easton and Robert D. Hess, "The Child's Changing Image of the President," *Public Opinion Quarterly (POQ)*, vol. 24, 1960, pp. 632–644.

(*Comparative Politics: A Developmental Approach*) 一書中即曾明白指出:「政治社會化的研究，可能為瞭解政治穩定與發展的最有希望的研究途徑。」⑪

第二節　政治社會化的意義

　　以上我們只是簡略地敘述了在政治學的範圍內，對於社會化問題研究的源起，並未涉及政治學家們對於政治社會化這一名詞涵義的看法，政治社會化研究的範圍等。這些皆是我們要瞭解這一領域發展的狀況所必要者。

　　政治學家們對於何謂政治社會化，也沒有一致的見解。舉例言之，亞蒙與包威爾二氏認為:「政治社會化乃為政治文化之所以維持與改變的歷程。由於這一功能的行使，個人始接納政治文化 (political culture)，並形成了他們對於政治事物的取向。政治文化模式的改變，也是要經由政治社會化的歷程。」⑫另外一位學者西格爾 (Robert Sigel) 則界定政治社會化為「漸進學習現行政治系統所接受與慣行的規範、態度及行為的歷程。例如在一個政治穩定的民主國家，公民們就必須要去學習經由選舉，採用團體習慣等方式，而非經由街頭暴動或革命等途徑以達到變革的目的。」⑬再如另一位政治學者葛林斯坦則認為:「狹義

---

⑪　G. A. Almond & G. B. Powell, Jr., *Comparative Politics: A Developmental Approach* (Boston: Little, Brown, 1966), p. 65.

⑫　Ibid., p. 64.

⑬　Robert Sigel, "Assumptions about the Learning of Political Values," *The Annals of the American Academy of Political & Social Sciences* (*The Annals*), vol. 361, Sept. 1965, p. 2.

的看法，認為政治社會化只是由負教化之責者有意地灌輸政治知識、價值與習慣之謂。但廣義言之，政治社會化應包括人生所有正式的與非正式的，故意的與非故意的政治學習在內。換言之，不僅包括明示的政治學習在內，同時也包括會影響政治行為的非政治學習在內，例如學習與政治有關的社會態度，獲得與政治有關的人格特質等皆是。」❹

　　在以上所列舉的三個定義中，我們贊同葛林斯坦的廣義說，即政治社會化乃是指個人學習成為政治社會一分子的歷程；這種學習歷程是繼續存在著的，不論是與政治直接或間接有關的均包括在內。由是這一概念要較「公民教育」(civic education) 一詞寬廣得多。因為後者的涵義似乎太過於偏重有意的一面，即把個人政治價值的取得，視為有計畫的灌輸的結果。同時這一概念亦假定有時間的限制，即從某一階段開始，到某一階段完成，而完全忽略了人生偶然的或無意的學習效果。由於這些缺點，所以現在一般政治學者，寧採「政治社會化」這一概念以含涉公民教育，其故即在於此。

　　界定某一名詞的意義，只是建立研究的概念架構 (conceptual framework) 的起步。至於政治社會化研究的重點、研究的範圍何在，亦常為概念架構中重要的部分。關於這一問題，學者們尚未有一致的看法。例如從縱的方面來說，葛林斯坦與亞蒙氏的看法即不一致。葛氏認為從九歲到十三歲這一階段，為社會心理的與政治發展的一個決定時期。依照他的見解，這一期間乃為心理分析學上所說的潛在時期 (latency years)。以後雖然繼續生長，但無論在生理上或心理上，其變化之速，均非以前或以後所能比擬的。他調查美國紐海文市 (New

---

❹　F. I. Greenstein, "Political Socialization", *International Encyclopedia of the Social Sciences*, vol. 14, p. 551.

Haven) 後發現，在初級學校 (elementary school) 最後五年 (第四年級到第八年級)，也即是九歲到十二歲這一階段，兒童們有對於屬於成人的政治，從幾乎全然無知進展到知覺大多數的特點❶。所以他的研究重點即放在這一階段。

至於亞蒙氏則認為社會化的歷程，是在人的一生中不斷進行的。個人的態度並非是完全建立於兒童期間，且在十歲之後不能改變的；個人的態度是隨著他的社會經驗而不斷的修改或加強的。例如一個人早年家庭的經驗，也許使他對某一政黨有良好的印象，但是其後的教育、工作經驗以及朋友的影響等，也許會將其改變為不良的甚至憎恨的印象。不僅如此，某一重大事件或經驗如戰爭、經濟恐慌，或參與追求國家獨立的革命群聚運動等，均可能影響到個人甚至社會上大部分的人的態度與取向❶。

對於這一問題提出一套理論，或加以理論化者，並非沒有學者嘗試過。例如伊士敦與海斯、福羅門 (Lewis A. Froman, Jr.)、米契爾 (William C. Mitchell)、龐埃 (Lucian W. Pye)、亞蒙、蘭登 (Kenneth P. Langton) 以及葛林斯坦等人皆曾提出過一些理論。

伊士敦與海斯兩氏認為現在一般政治社會化的研究，只觸及兩個主要的範圍：一為有關政治介入 (political involvement) 的性質，即探求如年輕人的政黨認同 (party identification)，對於政黨政治的興趣，政治知識，以及對於政治參與的態度等是如何得來的。其次是為探討政治介入的趨向，也即是人們所接受的政治意識型態是什麼。關於這一問題，通常是以左或右的政治經濟的測度法 (right-left politico-economic

---

❶ F. I. Greenstein, *Children and Politics* (New Haven: Yale University Press, 1967), pp. 1–2.

❶ Almond & Powell, op. cit., p. 65.

scales) 去測量的。這兩個範圍內的各種政治社會化的研究，如無理論
上的關聯，是沒有意義的。於是他們提出了一套理論建構。

他們認為政治社會化乃是年輕人自其環境中的其他人處習得基本
的政治定向的歷程。這種政治定向的內容，分析言之，有三種，即政
治知識 (political knowledge)、政治態度 (political attitudes) 與政治價值
標準 (standards of evaluation)。這三種獲得的政治定向，又與政治系統
(political system) 的三個構成部分──政府 (government)、政治典則
(regime) 以及政治群體 (political community)──發生密切關係，而可
劃分為九個次類。茲列表如下：

表 2-1　政治定向之類別

政治系統之	基本政治定向		
構成部分	知識	價值標準	態度
政治群體			
政治典則			
政府			

所謂政府，係包括在社會中擔任比較重要的政治決策的政治角色
在內，而政治典則係指政治競爭 (political game) 的規則如多數決原則
等即是。至於政治群體，則與國家認同 (national identity) 意識同義。依
照他們的見解，人們的政治學習大概脫離不了與上述三者發生密切關
係的九種基本政治定向的範圍，所以政治社會化的研究重點也即在於
此⑰。

---

⑰　以上參見 David Easton & Robert D. Hess, "The Child's Political
World," *Midwest Journal of Political Science* (*MJPS*), vol. 6, 1962, pp.
229–246.

　　至於福羅門氏則認為解釋政治行為的學習歷程，只要研究個人所處的環境（社會化機構），他的人格（社會化的結果），以及其所習得的政治反應 (political responses) 對於環境及人格的反饋 (feedback) 三個方面即可 ⓲。而米契爾氏除了詳細地討論社會機構以外，也劃分了何者為政治學習的對象，即政治動機，政治價值，以及政治知識三種 ⓳。

　　亞蒙與龐埃有關政治社會化研究範圍的主張，大致相差不多，即認為政治社會化有隱示的 (latent) 與明示的 (manifest) 兩類。依據亞蒙之意，所謂隱示的社會化，是謂在表面上本屬於非政治的學習，如在家庭中所習得的一般文化價值，有時會影響到政治行為之謂。至於明示的政治社會化，是謂將有關政治角色，政治系統的「輸入」(inputs) 與「輸出」(outputs) 的知識、價值或情感等予以明示地傳遞之意，例如中小學中的公民課程即屬於這一類 ⓴。而龐埃氏則先將社會化區別為兩個階段。第一階段是為基本的社會化歷程，也即是訓練兒童接受某一特殊文化以及成為社會一分子的歷程。這又可分為明示的與隱示的兩個部分。在明示的部分，是謂學習成為某一社會或文化的屬於成年人的態度與價值、技能、角色關係模式，以及共同知識等的歷程。至於隱示的社會化，係指構成無意識的部分以及影響基本人格結構動態部分的一切經驗。在基本社會化歷程之後，方為政治社會化的階段。

⓲　Lewis A. Froman, Jr., "Personality and Political Socialization", *Journal of Politics* (*JP*), vol. 23, 1961, pp. 341–352.

⓳　William Mitchell, *The American Polity* (New York: The Free Press, 1962), pp. 145–178.

⓴　G. A. Almond, "A Functional Approach to Comparative Politics," in *The Politics of the Developing Areas*, ed. by G. A. Almond & James S. Coleman (Princeton: Princeton University Press, 1960), pp. 26–33.

個人經由政治社會化歷程之後，始發展出他對於政治世界的知覺，以及獲得鑑別、判斷、瞭解政治事件的能力。政治社會化亦與基本的社會化一樣，亦可分為明示的與隱示的兩個層次。不過在這一階段，由於個人的成長，主要是明示的，也即是受感覺、認知以及有意識的學習所支配的[21]。

　　至於蘭登氏，則認為政治社會化在基本上是一繼續不斷的社會與心理的歷程；該一歷程，分析言之，包含下列四個要素：(1)被社會化的個人，(2)社會化機構，與(3)個人所學習的政治行為模式、知覺 (perceptions)，(4)態度之間的互動習得歷程 (interaction-acquisition)。研究政治社會化問題者，主要的即在這四個方面[22]。

　　以上這幾位學者所提出的政治社會化研究的重點與範圍，就理論上言之，大概可區分為兩派：一派為從宏觀途徑 (macro approach) 或系統層次 (system level) 去研究社會化問題者，如伊士敦、亞蒙等人皆是；另一派則係從個人出發去研究社會化問題者，如蘭登等人即是。前者著重政治社會化對於政治系統的穩定、變遷與統一的功能，而後者則偏重個人如何取得政治定向的歷程。我們在此處寧採後一種立場，即將政治社會化看作個人取得政治定向的歷程。惟上述諸家理論，對於政治社會化研究的範圍與重點的說明，似都不夠周全。因為政治社會化乃是一繼續不斷的學習歷程，在縱的方面不僅包括兒童時期的政治學習，同時成人時期的政治學習亦應包括在內。在橫的方面。政治的與非政治的似都應包括在內。但在這個範圍內，我們研究政治社會化

---

[21]　Lucian W. Pye, *Politics, Personality, and Nation Building* (New Haven: Yale University Press, 1963), pp. 44–45.

[22]　Kenneth P. Langton, *Political Socialization* (New York: Oxford University Press, 1969), p. 8.

應研究什麼？我們認為葛林斯坦轉借自拉斯威爾 (H. D. Lasswell) 有關研究一般溝通歷程 (general process of communication) 的陳述很有價值，即：⑴誰是學習者？⑵學習什麼？⑶從誰那裏學習得來的？⑷在何種情況之下？⑸產生何種結果？茲分別說明如次：

⑴誰是學習者？至於誰是學習者這一問題，依一般常識來回答，當然很簡單，即兒童與成人俱可包括在內。但如仔細一分析，並非如此簡單。每一個人的政治學習，俱受其所處社會、文化，甚至於其出身（如家庭背景、父母的社會經濟地位）等因素所影響的。所以在研究者選擇研究對象時，這些因素必須予以考慮，從而選擇某些變數 (variables) 作為研究的出發點，否則必將無從著手。

⑵學習些什麼？關於這一問題，最廣泛的區別可包括真正的政治學習以及與政治有關的學習兩類。後者係指與文化有關的學習如學習某些階級或種族團體的流行觀點，以及對人處世的態度等。至於前者的內容，分類至為不易，即使有分類，亦看對研究者的用處而定。例如伊士敦與海斯提出政治學習的對象有三類，即有關於構成政治系統基本要素的政府、政治典則與政治群體三者，前已言之。再如葛林斯坦本人則將其分為與公民角色有關的學習（如政黨從屬、意識型態、參與動機），與臣屬角色 (subject role) 有關的學習（如對國家的忠誠，對於政府領導人物及制度合法性的概念等），以及與選拔擔任某些特定角色有關的學習㉓。這兩種分類，似仍未能將政治學習的內容囊括殆盡，尚待進一步的探討。

⑶政治社會化機構 (agents)。一般說來，現在任何社會裏能夠辨識的社會化機構有父母，學校中的教師，鄰居，大家庭中的同居者，同伴，以及大眾傳播媒體等。亞蒙與龐埃所說的明示的與隱示的社會化，

㉓　F. I. Greenstein, op. cit., p. 13.

在這裏可解釋為社會化機構有意或無意的問題。

⑷政治社會化之情況。所有支配教育效果的原則，亦可拿來衡量政治學習所發生的各種情況：

第一、我們要考慮的是為知覺程度 (level of awareness) 的問題。在兒童注意力集中或十分用心時，其政治學習的效果一定很高。但是有時兒童早年的政治學習具有前意識 (preconscious) 的性質，即是說兒童並不知道他是在吸收了政治知識與態度，但是他所吸收了的，很可能出現於意識之中。而某些政治的或與政治有關的學習，似乎是關於無意識的 (unconscious)，也即是說受到了壓制，不可能達到意識的階段。

第二、我們要考慮的是為政治學習的次序 (sequence) 問題。也即是說，是否人們的政治學習的確發生得很早或者發生於比較晚的階段。龐埃氏認為政治社會化是接著基本社會化之後發生的，此說頗有問題。因為某些政治學習據現在的一些研究發現，是在兒童未入學之前即已發生。而基本社會化（也即是人格的發展與文化價值的內化）即使到達成人階段仍然是在繼續著的。

⑸政治社會化的效果。政治社會化研究最重要的研究任務是在於探測政治社會化對於人們後期行為的影響究竟有多大。也即是說，在任何政治系統內的政治學習歷程對於系統本身究竟有若何影響。我們知道每一政治系統都在以其系統的穩定為目標來社會化其未來公民，結果能否達到理想，實在應加探討。但到現在為止，在這方面可靠的知識頗為貧乏㉔。

總而言之，政治社會化的研究範圍逃脫不了上述的幾個命題。問題是在於用什麼方法或技術去發現與之有關的事實而已。

㉔　Ibid., pp. 12–15.

第三節　政治社會化研究的概況

政治社會化的研究肇始於美國，而在這方面研究最有成績者，亦首推美國，所出現的研究報告，現在有愈來愈多的趨勢。蓋欲作經驗的研究 (empirical research)，非錢莫辦。美國社會財富之雄厚，執世界之牛耳，同時美國乃是政治科學家人數最多的國家㉕，自然會在這方面作出相當的成績來。不過對政治社會化感到興趣並從事這方面的研究者，倒並非全是政治科學家，有些則為社會學家與社會心理學家。這一現象，在今天來說，也無甚奇怪之處，因為自 1930 年代行為科學 (behavioral sciences) 成為一運動之後，社會科學各個領域之間的界限愈來愈難分明，其中尤以政治科學為然。現在就政治科學這一領域來說，已不復專屬於專攻政治學的學者們的天下了。其他學科的研究者利用他們各行的研究技術，也侵入了這一領域。許多有關政治社會化的研究皆屬於他們的努力。以下就筆者所知的文獻，將政治社會化新近研究的成就與發展的方向扼要加以說明。

一、兒童對於政治的態度

在這方面，仍以美國的研究成果最為豐碩。新近美國政治社會化的研究指出，美國政治之所以一直穩定，主要是在於美國人民對於政府、政治權威、法律、政治領袖，以及美國政治系統的支持態度。這種積極的與支持的態度，在早年即已發生；在初等學校四年級的兒童裏，即已獲得相當發展。美國初等學校的兒童，據調查發現，他們對

㉕　見 W. G. M. Mackenzie, *Politics & Social Science* (Pelican Books, 1967), p. 67.

於總統這一角色頗為敬仰，感覺到政治領袖一般均為仁慈的，政府權威為合法的與公正的，以及對於代表國家的符號，如國旗等均表示尊重。在九歲或十歲以前，在兒童腦海裏，宗教與愛國心是混在一起的，其結果是對國家與上帝的崇拜是分不開的 ㉖。

在所有的成人的角色當中，兒童最重視的是總統這一角色。這一態度在兒童九歲時即已相當深刻。由此可以推知兒童早在九歲以前，即已知道這一角色的重要性，並且把總統與政府視為一體 ㉗。

就美國兒童對於政府的知覺發展過程來說，最早知覺到的是為中央政府，其次是為地方政府，再其次才是州政府。同時最早知覺到政府的行政與立法乃是屬於兩個不同的職務，也是在中央方面。到他們升入七年級之後，大部分兒童才表現出瞭解立法與行政立於同樣的地位 ㉘。即至年齡漸長，兒童們往往注意力集中於國會及立法程序，而視之為政府的中心 ㉙。

除上述以外，大多數的美國兒童，對於政治參與 (participation) 亦表現出積極的態度。在葛林斯坦的調查中，有百分之九十八的兒童回答在其達到二十一歲時，他們將會去投票。三分之二稱：誰贏得選舉有很大的差別。大部分兒童相信，廣泛的個人政治行動為政治歷程中的重要因素，是能夠導致政治及社會變革的。這種「政治功效」(political

㉖　David Easton & Jack Dennis, "The Child's Image of Government" *The Annals*, vol. 361, Sept. 1965, pp. 40–57; Easton & Hess, "The Child's Political World," *MJPS*, vol. 6, 1962, pp. 229–249; Greenstein, "The Benevolent Leader: ...," *APSR*, vol. 54, 1960, pp. 934–943.

㉗　同㉖; Easton & Hess, "The Child's Changing Image of the President," *POQ*, vol. 24, 1960, pp. 632–644.

㉘　同㉖所引各文。

㉙　見 Greenstein, "The Benevolent Leader: ..." 一文。

efficacy) 的意識，大約在二年級的時候即開始形成，以後愈來愈強**❸**。

認同某一政黨的意識，亦開始得很早。在受調查的四年級的兒童裏，約有百分之六十到七十承認他們喜歡共和黨或民主黨**❸**。這種認同政黨的比率與二十一歲到二十四歲的美國年輕的一代大致相同，而且與終身忠於某一政黨的年長一代的百分比（百分之七十五）也相當接近**❸**。

在初等學校的階段，美國大部分兒童即已知道要容忍與選舉有關的黨派衝突情勢之存在。他們學習到個人有權組織不同政黨以從事競選公職，並認為權力之取得應依「遊戲規則」才是合法的**❸**。所以美國兒童在早年即已顯示出接受了與美國民主社會的成立有極大關係的兩個政治規範 (norms)，即：認可黨派的衝突與多數人的意志乃為美國政治系統的基本要素。

兒童對於政治的這種積極的態度，如繼續發展下去，到了成年階段，則不應當產生政治冷感或玩世不恭的態度。事實上正好相反，許多美國人表現出這種趨向。他們不相信選舉會產生任何不同的結果，而且相信大多數的政客們是貪污舞弊的；因之，選舉是浪費時間而已。同時他們又相信政府並不重視人民的需求，敗壞是無可避免的**❸**。成人的這種態度固然尚未危害到美國政治系統的穩定，但是其根源亦可

---

❸ Greenstein, op. cit., p. 36.

❸ David Easton & Jack Dennis, "The Child's Acquisition of Regime Norms," *APSR*, vol. 61, Mar. 1967, p. 36.

❸ Greenstein, op. cit., pp. 71–72.

❸ 見**㉖**所引各文。

❸ 見 Murray B. Levin, *The Alienated Voter* (New York: Holt, Rinehart & Winston, 1960), pp. 58–75.

能早在青春期即已種下了。在兒童接近青春期時，對於政治的理想化，已逐漸低落。七年級以及八年級的兒童，已認識總統並非是永遠睿智、仁慈、公正的超人，他也可能有錯，而且會犯嚴重的錯誤。同時兒童們隨著年齡的增長，逐漸能夠區別總統這一制度以及擔任這一職位的個人的特質。由於這種區別的存在，方能在批評總統之時，而無礙於對政府、對國家的忠誠。最有趣的是，許多七、八、九年級的兒童相信總統之所以在公開的場合做某種示範性的行為，只是由於他人的期望以及他希望下次再度當選而已[35]。

　　這種在政治方面理想化降低的情形，繼續存在於整個青春期，而且可能轉變為失望與玩世不恭的態度。成年人的政治疏離感 (political alienation) 即由此而生的。

　　最近又發現，成年人在政治上的不寬容的態度，亦是在兒童青春期間即已相當發展了。不少的美國少年顯示出高度的種族偏見與極端的愛國主義。他們之忠於國家及國旗，經常是帶有強烈的道德意味。他們不容許在政治上有不同意見以及離經叛道的行為存在。他們甚至於對實現美國社會傳統所保障的基本自由並不熱心[36]。

　　儘管如此，但現在各種研究發現，大部分美國兒童及少年仍然對於政府保持著積極的態度，很少拋棄屬於美國政治秩序的最基本的特質。

二、政治社會化的機構 (agents of socialization)

　　㈠家庭：個人所碰到的第一個社會化機構是家庭。個人早年在家

---

[35]　Greenstein, op. cit., p. 69.

[36]　John J. Patrick, *Political Socialization of American Youth* (Washington D. C.: National Council for the Social Studies, 1967), pp.11–12.

庭中所接受政治的（也即是明示的）或與政治有關的（也即是暗示的）
觀點，可能會影響他一輩子。在許多與政治有關的重要影響中，可能
以對於權威的態度的形成，最具重要性。因為家庭在日常生活中，必
定會作某些集體的決定；而這些決定，對於兒童來說，往往是具有權
威性的。之所以具有權威性，是由於這些決定的背後，是有潛在的制
裁作後盾的。如兒童在早年即有參與家庭決策的經驗，這會增加他們
「政治效能」的意識，政治互動的技能，以及使他們在將來成年時更
可能積極地參與政治活動。同樣地，兒童服從家庭中決定的模式，也
可能對其未來成為公民時的表現有所影響。

　　據勞勃蘭 (Robert E. Lane) 的研究，在美國社會裏，一般說來，家
庭權威模式比較寬容與平等。美國的父親，不像日本、德國或布根達
(Buganda) 的父親那樣，具有絕對的權威。因之，美國兒童在家庭裏有
很大的發言機會以及享有某種程度的參與決策權。這種相當寬容的父
子關係存在於美國家庭中，似與美國人之接受政治規範 (political
norms)，以及對政治領袖、法律，甚至整個的美國政治制度抱著積極
支持的態度，有密切的關係。所以勞勃蘭氏提出一個假設，即這種父
子關係特別會產生對人性及人類的未來存著積極及樂觀看法的政治理
想主義 (political idealism)，因為美國的父親，經常被其子女視為代表
安全、友誼及依賴的象徵❸。

　　相反地，比利時及法國的父母通常對其子女太過於保護及指導，
其結果使得子女視外在世界為具有敵意的及危險性的場所。這種感覺
可能為法國及比利時的成年人在政治上表現出不信任及消極態度的根
源❸。

---

❸　Robert E. Lane, *Political Ideology* (New York: The Free Press, 1962), pp.
　　281-282.

　　這種頗為寬容與平等的美國家庭權威模式，有些學者如亞蒙與浮巴 (Sidney Verba) 者，相信這可發展出相當廣泛的政治參與的潛在效果。他們在其五國調查中也發現，美國的兒童與墨西哥、義大利或德國的相比，對於他們自己的問題，有較多的自由發表其意見，或批評其長上，以及參與家庭中討論的機會❸。這也可能是與美國家庭有連帶關係的政治反抗不若其他社會多的原因。同時這種廣泛的參與決策的機會以及從這些機會中所獲得的辯論、妥協的才能，可視為美國民主政治主要的保障。而在其他文化裏，不鼓勵兒童自由發言，或許是無法發展成支持民主政治秩序的最重要的解釋❹。

　　與上述有連帶關係的，是為家庭中的教養方式，據現在的一些研究發現，兒童與少年的種族偏見、對人的敵視、罪惡感，和專制的家庭環境有密切關係❶。同時在專制家庭教養方式下長大的兒童，容易反抗其父母。在不大關切政治的家庭裏，兒童反抗的對象常為其他明顯的目標，如傳統的社會規範或父母的宗教信仰。在十分關切政治的專制家庭裏，子女反抗的目標常為父母在政治上的認同 (identification)，特別是政黨的認同。愈是政治化的權威主義的家庭，其子女與父母在政治認同上的歧異愈大❷。

　　以上只是在說明兒童在家庭決策歷程中參與的重要性以及家庭權

❸　Frank A. Pinner, "Parental Overprotection and Political Distrust," *The Annals*, vol. 361, Sept. 1965, pp. 67–70.

❸　G. A. Almond & Sidney Verba, *The Civic Culture* (Boston: Little, Brown, 1965), pp. 274–276.

❹　Patrick, op. cit., pp. 20–21.

❶　Langton, op. cit., p. 23.

❷　Ibid., pp. 164–165.

威模式的影響,但尚未及於家庭結構對於兒童政治社會化的影響。據
蘭登 (Kenneth P. Langton) 氏在 1964 年進行的牙買加 (Jamaica) 調查
中發現,母系家庭 (maternal family),也即是只有母親而無父親的家庭,
與由夫婦共同組織的小家庭對於兒童政治社會化所產生的結果並不相
同。在母系家庭中,由於只有母親而無父親,受調查者要較在小家庭
中出身者,對政治感到缺少興趣,不相信他們將來能夠對政治有影響
力,並且在人格方面更具有權威主義的特質。在母親當權的小家庭中,
也有類似的情形。這種情形特別在教育程度低的家庭為然❹。

家庭暗示的社會化功能,固然相當重要,但其明示的政治社會化
功能更不可忽視。就以美國而論,兒童對於政黨的偏好與宗教的認同
一樣,均是由父母那裏傳遞過來的。舉例言之,據 1952 年密西根大學
調查研究中心 (Survey Research Center) 的調查,有百分之七十二的被
訪問者回答與父母同屬於民主黨,百分之六十二選擇共和黨的子女,
其父母亦為共和黨。1956 年美國總統選舉時,所作的調查發現約有百
分之七十五的人回答其政黨偏好與其父母相同❹。其他許多的研究,
也有類似的發現。

以上的研究並未區別父母的政黨認同不同時,對於子女的影響如
何。以往的一些研究認為父親對於子女的政治定向的形成有直接的影
響❹。但新近的一些研究指出上述的說法並不盡然。如果父母的政黨
認同相異,對子女的政黨認同有決定性的影響者,倒並非是父親,而

---

❹   Ibid., pp. 21–39.

❹   A. Compell, P. E. Converse, M. E. Mill & D. E. Stokes, *The American
     Voter* (New York: John Wiley & Sons, 1960), pp. 99, 146–149.

❹   Robert E. Lane, "Fathers and Sons: Foundations of Political Belief,"
     American Sociological Review, vol. 24, Aug. 1959, pp. 502–511.

是母親⑯。

此外，家庭對於政治體系的一般態度，對兒童也有深刻的影響。據魏里 (Laurence Wylie) 氏研究法國山區一個小村莊後發現，家庭對於政府的一般蔑視的態度，也深刻地影響到了兒童，儘管官方教科書的內容陳示於兒童面前的是另一種圖象，但其效果並不太大⑰。

(乙)學校：除了家庭以外，各國的公立學校都被視為擔任政治社會化最重要的機構，因為公立學校，不僅教導學生在文化方面所認可的政治規範與政治角色，而且也在灌輸學生愛國思想與尊崇國家制度等。所以美國政治學者 V. O. Key 說：「所有國家的教育制度都是在灌輸未來公民以政治秩序的基本觀念與價值。」⑱除此以外，學校也賦予教授特殊政治知識與技能，如有關政府組織與職能以及參與團體活動的能力等的責任。而學校教育對於人們的影響也的確很大。在亞蒙與浮巴的五國調查中發現，幾乎沒有例外地，凡受過教育者更能知覺到政府對於他們生活的影響，對於政治更為注意，對政治歷程有更多的知識，以及表現出更多的政治才能⑲。這可能是由於學校教育的雙重效果：一為明示的、正式的，或直接的經由計畫的教育程序傳遞學生有關政治的知識、政治信仰等，學校中的歷史、公民、地理等課程都是為了達到這些目的而設的；次為暗示的、或非正式的經驗或影響等，如學校之利用國定假日舉行紀念儀式以灌輸兒童愛國的情操，經由級會、

---

⑯ Langton, op. cit., pp. 30–49.

⑰ Laurence Wylie, *Village in the Vaucluse* (Cambridge, Mass.: Harvard University Press, 1964), pp. 330–339.

⑱ V. O. Key, Jr., *Public Opinion & American Democracy* (New York: Alfred A. Knopf, 1961), p. 316.

⑲ Almond & Verba, op. cit., pp. 316–324.

學生自治會、俱樂部等活動學習到參與政治的民主規則等。除此以外，學校教職員的行為風格、教學方式，以及對於兒童的一般態度，也曾無形中影響到兒童的政治學習。

與學校教育有關的，是為學校中使用的教科書內容的問題。在任何一個社會裏，學校中所使用的國定的或審定的教科書亦可視為反映社會政治社會化策略的指標。也可以認為社會希望其下一代成為怎樣的人，俱反映於有關的教科書內容之中。就以美國為例，據調查現行中學所使用的各種公民及政府課程的課本，發現非常看重民主政治信仰的灌輸。大部分的篇幅放在敘述作為一個好的民主的公民應如何如何，而且將美國社會描寫成一樂觀的社會，故意忽略或避免提及對美國政治批評或爭論之處。某些重大的社會及政治問題如黑人民權、犯罪、少年犯罪、節育、掃除貧窮等問題，不是避而不談，就是浮光掠影地提一提而已。公民與政府課程教科書的內容也是高度種族中心論的，同時將美國政府描寫成世界上民主、道德、理性的主要擁護者。至於外國政治制度或意理 (ideologies)，經常主觀地將其描寫成低劣的或不道德的。

典型的教科書在討論政府組織與功能方面，也是著重於法律的與倫理的敘述。也即是把倫理的與法律的規範，看作實際的政治行為，從而將「應然」(what ought to be) 與「實然」(what is) 混為一談。同時在這些方面的討論也經常忽略了政治行為的社會基礎，以及影響政治角色與決策的文化因素。幾乎沒有一本有關的教科書涉及到某些政治行為與社會經濟地位、種族認同，或者與所參與的團體之間的關係。在教科書中也很少或者說幾乎沒有提到政治社會學中如角色、地位、規範 (norms)、指涉團體 (reference groups) 等的基本概念。

在所有公民及政府課本的每一章之後，皆附有一些偏重於記憶的

問答題,以作為瞭解課本內容的鎖鑰。至於學生,則要求其記憶或複述課本中像國會法案 (bill) 如何成為法律的法定步驟,當選總統的法定資格,或憲法前言的字句,很少注意及如何訓練學生去作批評的思考與解決問題❺⓪。

　　至於公民課程對於學生的政治態度有無影響,這也是一個頗值得重視的問題。照一般常識性的判斷,二者應有連帶關係,否則公立學校中的公民課程即無設立的必要。但據美國學者立特 (Edger Litt) 氏調查波士頓 (Boston) 市三所高級中學後發現,公民課程對於學生政治參與的態度很少有影響,惟能影響學生的愛國心以及對於民主信條的支持❺①。蘭登與吉寧斯 (Kent Jennings) 二氏在 1968 年的研究,亦支持上述說法,而認為「沒有證據可證明公民課程對於大多數的美國高中學生的政治定向有重要的影響。但欲升大專者的政治定向與不打算升學者不同。」❺②但這些發現並不能完全否定在初等學校中的公民訓練對於兒童政治學習的影響。惟在這一階段,尚無研究報告出現。除了教科書的內容對於兒童的學習或許有影響外,教師的態度,價值觀念,在教室中的教學方式等也可能會加強或減弱正式的政治教育課程中所明白表示出來的目標。關於這方面的研究,也以美國做得最多。他們發現美國公立學校的教師及管理人員,有時太過於注意兒童的服從、柔順、以及遵守校規等事務,而不大顧及兒童的自尊、人格完整、及個

---

❺⓪　參見 Patrick, op. cit., pp. 26–28.

❺①　Edger Litt, "Civic Education Norms & Political Indoctrination," *American Sociological Review*, vol. 28, Feb. 1963, pp. 69–75.

❺②　Kenneth P. Langton & M. Kent Jennings, "Political Socialization & High School Civics Curriculum in the United States," *APSR*, vol. IXII, No. 3, Sept. 1963, p. 888.

性是否受到傷害53。這究竟是否有礙於民主社會所需要的人格的形成，猶待進一步的探討。

其次，在學校教育中，是否鼓勵兒童們在班級中主動發言或自由討論，以及參與學校中的活動，對於兒童政治態度的形成，也有很大的影響。據亞蒙與浮巴二氏的調查，有百分之四十的美國成人記得他們有機會在學校中參與討論與辯論政治和社會問題。而英、法、義、墨四國被訪問者，分別為百分之十六、十二、十一及十五記得他們曾經有機會參與班級討論與辯論54。這種不鼓勵兒童參與的情形，可能會在成年後對政治產生冷淡的心理狀態。

最後，政治社會化為一連續的過程，初級及中級教育固然對兒童有深刻的影響，高等教育在社會化方面的效果也不可忽視。現在有許多研究發現，受教育的年數，與個人政治知識的多寡，容忍不同政治見解與價值觀念，以及政治興趣與參與等有密切的關係。就以英國為例，專上學校畢業生較之高中畢業生更願意接受「權利典章」(bill of rights) 的充分實行。同樣地，高中畢業生較之小學程度者，更為支持民主的理想55。

㈶其他社會化機構：除了學校，家庭為最重要的政治社會化機構外，尚有其他影響個人政治信仰與行為的機構存在。例如同儕團體 (peer groups)56在形成個人的價值觀念與取向方面，即扮演一重要的角

---

53 Patrick, op. cit., pp. 28–30.

54 Almond & Verba, op. cit., pp. 315–324.

55 Samuel A. Stouffer, *Communism, Conformity & Civil Liberty* (Gardon City, N.Y.: Doubleday, 1955), pp. 29–42.

56 所謂同儕團體，係指兒童個人所交往的許多團體，如無組織的友誼團體，有組織的童子軍，以及班級團體均屬之。

色。特別是在工業社會中，家庭的束縛力薄弱之際，或新家庭的訓練
與青年人的社會環境無法吻合之時，正式的或非正式的同儕團體，對
於個人的政治觀點或見解的形成，即會產生相當大的影響❺。現在在
這方面的調查出現得也不少。例如蘭登氏的牙買加調查即發現來自於
勞工家庭的學生而與出身其他階級的學生同在一個班級讀書者，即比
較更為注意政治，態度民主與支持民權，對於選舉的態度也比較積極，
在經濟上也比較保守❺。由此可見同儕團體在再社會化 (re-socializa-
tion) 方面的效用。

　　職業的經驗也可能影響到個人的政治態度或取向。因為職業及與
職業有關的有形的或無形的組織像職業工會、社交俱樂部等，也可能
為傳遞政治知識及政治信仰給個人的重要途徑。再如與罷工有關的集
體討價還價 (bargain)，不僅對於勞工而且對於僱主皆為重要的社會化
經驗。就參加罷工的勞工來說，他不但知道他也能夠制訂關係他未來
的具有權威性的決策，而且也學得了像遊行示威，阻止上工 (picketing)
的特殊行動的技能；這些技能也許可被利用來作為政治參與的手段。
惟職業經驗對於人們政治定向的影響到底有多大，現尚停留在理論的
階段，還沒有什麼經驗的研究出現。

　　大眾傳播媒體 (mass media) 在政治社會化的地位也不可忽視，因
為它不僅可傳播消息給人們，而且就長遠來說，大眾傳播媒體也可能
影響到人們「認知地圖」(cognitive map) 的形成。這就是為什麼在極權
獨裁國家要控制或獨佔大眾傳播媒體的緣故。

　　在民主國家，據調查研究後發現，大眾傳播媒體並不能直接影響

❺　Robert E. Lane & David O. Sears, *Public Opinion* (Englewood Cliffs, N.J.:
　　Prentice-Hall, 1964), p. 27.

❺　Langton, op. cit., pp. 123–131.

人們的價值觀念，通常要經過「直接團體」(primary groups) 與「間接團體」(secondary groups) 的媒介作用，才能影響到聽眾或觀眾。經由這些團體的媒介者之有選擇性地解釋大眾傳播工具所傳播的消息給個人，加強了家庭、朋友、或自願組織 (voluntary organization) 所早已認可的價值觀念❺。這並非說，大眾傳播媒體一點改變人們態度的效果也沒有。在某種情況之下為社會的孤立者，或者某一問題在文化裏尚未有指涉架構 (frame of reference) 可資參考者，或者在媒介因素（即直接團體與間接團體）為了某種原因而無法活動或贊成改變者，這時大眾傳播媒體可能對個人發生直接的影響。

此外，長期暴露於大眾傳播媒體的刺激之下，亦會增加人們對於政治的興趣，提高投票率與政治知識，增強人們對於政治問題的觀點以及黨派立場的認同等❻。

最後，個人與政治系統的直接接觸，也可能對個人產生若干社會化的影響。例如不論家庭或學校灌輸予個人的有關政治系統的圖象是多麼的美麗，但如其感覺到為他的政黨所忽視，或為警察所欺凌，或在飢餓線上掙扎，這等等都可能改變一個人從前所形成的態度。

三、政治社會化的連續與脫節

新近有一些研究比較政治的學者，已經注意到政治社會化的連續與脫節對於政治系統穩定的影響。惟在這方面尚未有具體的研究報告

---

❺ Joseph T. Klapper, "What We Know about the Effects of Mass Communication: The Brink of Hope", *Public Opinion Quarterly*, vol. 21, 1957–1958, pp. 453–471.

❻ Robert E. Lane, *Political Life* (New York: The Free Press, 1959), pp. 281–289.

出現，所以仍然停留在理論的階段。照他們看來，在一個穩定的政治系統裏，社會化歷程通常是統一的 (homogeneous) 及一致的 (consistent)，即無論是家庭中的權威模式，或學校中的師生關係，或僱主與受僱人之間的關係，或與政治系統的直接接觸，都在建立或維持某一定型態的政治定向。換言之，在社會化機構之間並不太有嚴重的衝突存在。但在許多社會裏，社會化歷程有時會發生高度的不連續的情況，而為不滿與衝突最重要的泉源，其結果很可能引起系統的激烈變遷。從前威瑪憲法時代的德國即是如此。

在威瑪時代的德國，在非政治範圍內的社會制度方面，各個階層的權威模式 (authority patterns) 是與民主制度的需要相矛盾的。家庭的訓練著重服從。學校教育從小學到大學，學生是無條件的服從教師的道德及知識上的權威。在政治上也是如此。由於在社會化方面有不連貫的情形存在，所以威瑪時代的德國在鼓勵人民普遍接受及參與新的政治組織這方面，其不易收到良好的效果，是不難預料的。再加上遭遇到國內經濟危機，及國際上重大事件之刺激，不但未能提供人們以積極的社會化經驗，反而製造了新的不滿與壓力。其結果不但未能將現存的社會化裂隙予以彌補起來，反而促使民主的政治系統走向崩潰的境地❻。

在新興國家中，也有這類問題，傳統文化或各種次級文化 (subculture) 與新制訂的憲政制度的要求常相鑿枘。因之，更加特別重視學校在社會化方面的功能，希望經由緩慢的歷程，能夠建立一新的統一的政治文化。但這種期望實在不易達成，因為學校教育本身有時也無法脫離傳統或次級文化的影響。教師亦與其他人士一樣，仍然受著傳統價值觀念或次級文化的價值觀念的束縛。而且誠如亞蒙與包威爾 (G.

---

❻　Almond & Powell, op. cit., p. 70.

Bingham Powell, Jr.) 二氏所言：「如果學校與日常生活的距離太大，教育的內容即會貶抑成為抽象的記憶而已，即使在認知的政治定向方面，也很少有效果可言。」❷在菲律賓 (Philippines) 與印度 (India)，就有這種情形。這兩國都想以統一的語言以及一致的政治文化經由公立學校來社會化其人民，但是凡屬於改變傳統態度與生活方式的地方，經常遭遇到屬於次級文化中的菁英分子 (elites) 的激烈抗拒。其結果，真是進退兩難。如果向這些次級文化屈服，則國家又將回復到從前四分五裂的狀態，建立一個真正統一的國家又將成為泡影；如果繼續加強現有的社會化歷程，勢將遭遇到不少抗拒，從而在利益未得到之前，先損害了政治系統肆應的能力。

第四節　政治社會化研究的初步模型

從以上的敘述，我們不難看出，政治社會化的研究，雖然開始得較遲，但已逐漸形成為一個研究的領域。而其發現，尤有助於我們對人的政治行為的瞭解，並可作為制訂公共政策者的參考。因為由於政治社會化的研究，我們才知道人的政治行為並非是成年以後偶發的現象，而是早在兒童期間即已植根了的。所以一切想改變人們行為的政策，「徒法不足自行」，在這裏得到了一個很好的解釋。換言之，欲想改變人們的行為，除了法定規章以外，凡與社會化有關的因素，都要考慮到，才能收事半功倍之效。

除此以外，政治社會化的研究，從系統的層次而言，提供了我們瞭解為什麼有些國家推行民主政治比較成功，有些國家則失敗的線索；這並非完全是政治制度上的問題，而是社會化上的問題，即如果不設

---

❷　Ibid., p. 71.

法從家庭，學校，到社會上一切的團體，明示的或暗示的灌輸人們積極參與政治的意識與容忍異見的襟懷，使成為他們態度結構裏的一部分，民主政治的運行，儘管在制度上相當完備，仍然是沒有深植到泥土裏，稍一遇有風吹雨打，即會面目全非，德國威瑪憲法即是一個例子。

再者，政治社會化的研究，使我們對某些國家如極權國家與許多新興國家為什麼特別重視有形的社會化機構如學校、大眾傳播媒體等的擴張與控制，獲得了一個新的啟示。蓋在這些國家，維持「系統」(system) 的穩定與生存，為首要目標；而這一目標的達成，必須經由社會化歷程使社會中的分子都能接受支持該系統賴以存立的價值觀念不可。學校教育制度與大眾傳播媒體乃是社會化歷程中最容易控制與操縱的工具，所以向這方面儘量發展，自然是可以理解的。

惟政治社會化的研究，仍然是一相當年輕的研究領域，有待學者們拓展之處，還是很多。舉例言之，在所有有關政治社會化的研究中，以對於家庭在社會化歷程所擔任的角色作的最多，而在作為社會化的正式環境 (formal environment) 與非正式環境 (informal environment) 的學校與同儕團體對於個人政治定向形成的影響，仍然缺乏有系統的、廣泛深入的調查，尤其在同儕團體方面為然。即在家庭方面，所作的研究亦都偏重於父母對於子女的影響，而甚少、幾乎可說沒有及於兄弟姊妹之間的相互影響。其次，現在許多的研究都是屬於片面的調查，即家庭對於子女的影響如何，學校對於學生的影響如何等等，很少將這些因素放在一起，作一整體的觀察。事實上，一個人的態度的形成與變遷，絕非是一個因素或一個社會化機構所決定的，而是受著多種因素所決定的。而這許多因素之間又是在相互影響著的。關於這一問題，蘭登氏所提出的模型 (model) 很有參考的價值❽。其圖示如下：

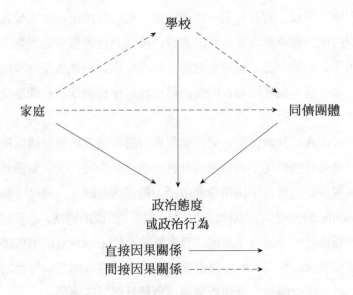

圖 2-1　影響政治社會化因素的因果關係

　　最後，政治社會化的研究，在理論方面的成就，還是相當的幼稚，仍需要再加努力建設。因為現代行為科學特色之一，是要將理論與經驗的研究結合起來，並且相信任何經驗的研究都要有理論的指導，否則將會支離破碎。而理論如無事實作根據，這種理論將是空的⓺。所以構造一完善的理論一定有助於作廣泛深入的經驗研究。但完善的理論——即能夠解釋整個社會化歷程的理論——之所以未能出現，也可能是由於所發現的經驗的證據尚不夠充分之故。由此可見，就以這兩方面而言，有待學者們努力開拓之處著實不少。

⓺　Langton, op. cit., p. 20.

⓺　見 David Easton, "The Current Meaning of Behavioralism", in James C. Charlesworth (ed.), *Contemporary Political Analysis* (New York: The Free Press, 1967), p. 16.

第五節　本書以下各章的分析架構

做實證研究，或寫作一本學術論著，總得要設計一研究架構或分析概念架構 (analytic conceptual framework)，作為研究或分析的指導。否則，不但無法有效蒐集資料、分析資料，也無法將寫作章節作合乎邏輯地安排。

一個分析的概念架構，總不外乎與研究有關的基本概念、表達概念的名詞 (term) 的定義，和由許多概念或詞所組成的命題 (propositions) 或又可稱之為假設 (hypothesis) 者所構成。一般社會科學教科書中所稱的「理論」(theory)，實際上均為「分析的概念架構」，因為它有待於經驗資料去證驗，所以嚴格言之，一般社會科學教科書中所泛稱的「理論」，均非嚴格意義的「理論」。嚴格意義的「理論」，正如社會科學哲學家 Richard S. Rudner 所言，乃是「包括某些近似通則在內，而在經驗上均可驗證的一組系統關聯的陳述」。其餘，他認為均為非理論的陳述或建構 (nontheoretical formulations)❻。

本書以下各章所做的實證的研究，基本上是結合伊士敦 (David Easton)、亞蒙 (Gabrial A. Almond) 與葛林斯坦 (Fred I. Greenstein) 等人的理論架構而來的。茲簡單圖示如下：

---

❻　Richard S. Rudner, *Philosophy of Social Science* (Englewood Cliff, N.J.: Prentice-Hall, 1966), pp. 10–53.

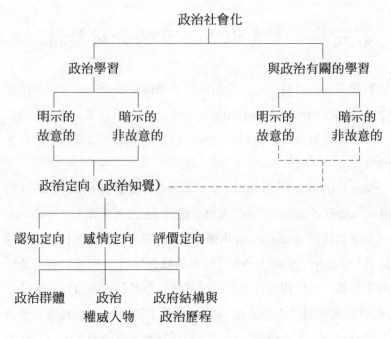

圖 2-2　政治社會化研究理論架構

　　這一分析架構的名詞定義，大致在本章各節中均有所說明，所以不再重複。惟本書所根據作者過去所做的研究，只限於明示的政治社會化或政治學習部分。因為暗示的部分，牽涉到個人被動潛移默化的許多因素與途徑，目前很難測量。

第三章 我國國小兒童政治知覺成長的分析

第一節 研究問題

根據前章第五節的概念架構，作者在民國六十年（1971年）曾做過臺北市兒童的政治態度的調查研究。現在根據當時研究的成果，為方便讀者閱讀起見，將不必要的圖表予以刪除，並重新改寫，以節篇幅。

當時我們所提出的研究問題是：第一，我國兒童的政治知覺 (political awareness) 成長的曲線，是否與其他國家（例如美國）大致相同？因為我們讀到葛林斯坦 (Fred I. Greenstein) 的美國紐海文研究 (New Haven study)，他發現美國兒童從九歲到十三歲這一階段，為社會心理與政治意識發展的一個決定時期。以後雖然繼續成長，但無論在生理上或心理上，其變化之速，均非可與這段時期比擬的。兒童們在這一段期間（也即九至十三歲），對於以往認為完全屬於成人的政治，有從幾乎全然無知進展到知覺到大部分的特點❶。我國在臺灣地區的兒童是否也是如此呢？這是值得探討的一個問題。

---

❶ Fred I. Greenstein, *Children and Politics* (New Haven: Yale University Press, 1967), pp. 1–2.

　　其次，我國的兒童在政治知覺上，是否與西方國家的兒童一樣，先是知覺到政治權威人物或領袖人物，而後才是政府結構與政治歷程？美國學者們在這方面的研究，俱指出美國兒童在所有成人的角色 (role) 當中，最重視的是總統這一角色，視之為仁慈的領袖 (the benevolent leader)。對於政府知覺的過程來說，最早知覺到的是中央政府，其次是地方政府，再其次才是州政府。同時最早知覺到政府的立法與行政乃是屬於兩個不同的職務，也是在中央政府方面。到他們升入七年級（相當於我國國中一年級）之後，大部分兒童才表現出瞭解立法與行政立於同樣的地位。即至年齡漸長，兒童們才將注意力放在國會及立法程序上面，而視之為政府的中心❷。這種情形在我國兒童身上，是否也是如此呢？也是值得研究的一個問題。

　　第三，我們要探討的是，在相同的總體文化 (general culture) 與學習環境（如統一的教科書，類似的教學方式等）之下，有無其他因素如兒童家長的籍貫、社經地位或兒童的性別等，影響到他們政治學習的效果？這些問題在西方國家似不存在，但在臺灣，特別是由於移民先後的問題，可能產生某種程度的差異。實際是否如此，也值得我們去探討。

第二節　研究設計與發現

　　本研究根據臺北市教育局於民國五十九年編印的《五十九年度通學區域擬編說明書》中所列國民小學名單，抽出松山、幸安、大理、大同、南港五校。該五校分屬於松山、大安、萬華、大同、南港五個區，在當時全市七十所國民小學中（陽明山管理局轄區未計），佔 1/14

❷　以上參見本書第二章❷及❷所引各文。

或 7.14%。然後再就每校，不問其班級多少，自二年級到六年級，概抽其第一班。五校共抽得 25 班 1427 人，進行問卷測驗，然後經過整理，實得有效問卷 689 份，約 48%（參見表 3-1）。

表 3-1　有效樣本分配統計表

地區 國小 年級	南港 南港國小	松山 松山國小	萬華 大理國小	大同 大同國小	大安 幸安國小	合計
二	26	12	25	12	19	94
三	18	6	8	23	22	77
四	22	31	25	40	29	147
五	55	29	26	41	34	185
六	46	51	20	19	50	186
合計	167	129	104	135	154	689

問卷調查結果經過處理統計後，我們有如下的發現：

一、我國國小兒童對於政治權威人物的知覺

此處所謂政治權威人物，係指在政治上現在或過去曾經具有權威並產生重大影響力的領導人物。國家的創立者，以及現任國家元首或行政首長等，均可包括在內。

在新興國家，為了使被治者的人民能夠統一於新的意識型態與符號之下，往往先從對政治權威或領導者的認同與崇拜的宣傳著手，使他們經過塑造過的完美意象 (image)，普遍印入人民的腦海中，而後方能使新創立的意識型態與符號，順利地為人民所普遍接受❸。毫無疑

---

❸　見 Seymour M. Lipset, "The United States—The First New Nation: The

問地，我國自民國建立以來，也是循著這一趨勢在發展，至少在民國十六年（1927年）以後是如此。經過多年來有目的地灌輸，一般人民幾乎無一不知道國父孫中山先生的姓名與其革命事蹟，以及當時總統蔣中正（字介石）先生在北伐及抗日戰爭中對國家的貢獻。在我們調查的臺北市二至六年級689位國小兒童中，很明顯地表現出對於國父孫中山先生的認知最高，其次為當時的總統蔣中正先生，再其次方為其他政治權威人物（參見表3-2）。

　　在其他政治權威人物中，我們列入了當時的副總統和臺北市市長。二至六年級被調查的國小兒童，極大部分寫不出當時副總統嚴家淦的姓名。惟或許由於大眾傳播媒體傳播的作用，在二年級兒童的認知裏，已知道副總統是誰，不過寫不出姓名而已；年級愈高，這種知覺愈高（見表3-3）。

表3-2　二至六年級兒童正確寫出國父、總統、副總統、臺北市市長姓名之百分比

項目 性別 年級	正確寫出國父 姓名者		正確寫出總統 姓名者		正確寫出副總 統姓名者		正確寫出臺北 市市長姓名者	
	男生%	女生%	男生%	女生%	男生%	女生%	男生%	女生%
二	65.31	65.44	38.78	46.67	4.08	11.11	12.24	13.33
三	77.27	84.85	61.36	54.55	0	0	31.82	33.33
四	92.22	85.96	77.78	64.91	2.22	3.51	66.67	52.63
五	87.10	86.96	66.67	67.39	10.75	7.61	76.34	68.48
六	92.16	96.97	81.70	87.88	10.46	30.30	77.12	75.76

Crisis of Legitimacy and the Role of the Charismatic Leader," ed. Richard Bendix, *State and Society: A Reader on Comparative Political Sociology* (Boston: The Little Brown, 1968), pp. 595-616.

表 3-3　二至六年級兒童對副總統（現任）姓名知覺的程度

項目 性別 年級	知道，但寫不出		從來沒有聽說過		沒有作答	
	男生 %	女生 %	男生 %	女生 %	男生 %	女生 %
二	65.31	65.44	38.78	46.67	4.08	11.11
三	77.27	84.85	61.36	54.55	0	0
四	92.22	85.96	77.78	64.91	2.22	3.51
五	87.10	86.96	66.67	67.39	10.75	7.61
六	92.16	96.97	81.70	87.88	10.46	30.30

可是兒童對於臺北市現任市長是誰的知覺，要較對副總統的知覺高得多。到了六年級，無論男生或女生，能夠正確寫出市長姓名者，都在 75% 以上；而在同年級，能夠正確寫出副總統姓名者，男生未超過 11%，女生未超過 31%。以上這種情形，與美國比較，我國兒童仍屬偏低。根據葛林斯坦的紐海文研究 (New Haven study) 所示，美國小學兒童能正確寫出總統與市長姓名者，超過 90%❹。而我國國小四年級兒童能正確寫出總統與臺北市市長姓名者，為 61.22%（男女生合併計算）。但與美國學者威爾遜 (Richard W. Wilson) 1968 年在臺灣所做同類研究所得百分比 (22%)，似有顯著的差異❺。

除了政治權威決策或領導人物的姓名外，一般國小兒童大致俱能辨識他們的政黨背景。我們問：「你知道現在的總統是哪一黨的?」67% 以上的國小兒童俱回答是「國民黨」（二至六年級合併計算），而且年

---

❹　見 F. I. Greenstein, op. cit.

❺　Richard W. Wilson, "A Comparison of Political Attitude of Taiwanese Children and Mainlander Children on Taiwan," *Asia Survey*, vol. 8, No. 12 (Dec, 1968), pp. 988–1000.

級愈高認識愈高（見表 3-4）。

　　在上述四位政治權威或領導人物中，國小兒童們最崇敬的是為國父孫中山先生與時任總統的蔣中正先生。在表 3-5 中充分顯示了出來。同時國小兒童們也能認識到總統這一角色的重要性。此與美國的調查，除了二年級之外，大致相似（見表 3-6）❻。而且兩國兒童對於這一問題的看法，從國小四年級開始，有由強轉弱的趨勢。

表 3-4　二至六年級兒童對現任總統黨籍知覺的程度

項目　性別　年級	正確指出他是國民黨者	
	男生 %	女生 %
二	57.14	62.22
三	88.64	87.88
四	81.11	79.19
五	81.72	71.17
六	94.77	96.97

表 3-5　「你最崇敬的人是誰?」

崇敬人物　年級	歷史上的知名人物（孔子、岳飛、文天祥、鄭成功）		現代政治上的知名人物（國父、蔣中正總統）		其他知名人物（副總統、市長）	
	男生 %	女生 %	男生 %	女生 %	男生 %	女生 %
二	20.41	20.00	77.55	62.22	2.04	17.78
三	18.18	15.15	79.55	84.85	2.27	0
四	25.56	22.81	70.00	71.93	4.44	5.26

❻　David Easton and Jack Dennis, *Children in the Political System* (New York: McGraw-Hill, 1969), p. 993.

五	35.48	23.91	63.37	76.09	1.15	0
六	26.80	9.09	68.63	90.91	4.57	0

表 3-6　　「治理國家誰的責任最大?」中美兒童比較表

項目 國別 年級	認為總統擔負最大責任者	
	我國兒童 %	美國兒童 %
二	65	86
三	83	85
四	81	77
五	52	72
六	63	66

但我國兒童對於我國總統產生的方法，則比較模糊不清，其原因值得探討（見表 3-7）。

表 3-7　　「你知道我國總統是怎樣產生的嗎?」

項目 性別 年級	國民大會選舉的		全　國　人 民　選　舉　的		立　法　院 選　舉　的		不知道	
	男生 %	女生 %	男生	女生	男生	女生	男生	女生
二	6	13	43	20	0	7	51	60
三	11	6	48	27	2	3	39	64
四	20	12	62	51	4	4	13	33
五	20	12	62	53	4	3	13	32
六	29	21	58	67	5	0	9	12

綜合以上的分析，我國國小兒童對於政治權威人物的知覺，與美

國兒童相似，均集中於國父及現任總統身上。由此也可看出，我國過去在這方面所追求的目標，似已獲得甚大的效果。

二、我國國小兒童對於政府結構與政治歷程的知覺

就美國兒童對於政府的知覺的發展而言，最早知覺的是為聯邦政府（中央政府），其次為地方政府，再其次才是州政府，而且在早年分別不出立法與行政有別[7]。我們這一研究，也顯示出類似的傾向。惟臺北市在我國政治體制中，乃是直轄市，相當於美國州 (state) 或邦的地位，所以兒童知覺的對象與美國所作的研究，可能並不完全相同，這是要特別說明的。

表 3-8　「你知道我國法律是由誰（哪個機關）制訂的?」

項目 性別 年級	總統		立法院		市議會		不知道	
	男生 %	女生 %	男生 %	女生 %	男生 %	女生 %	男生 %	女生 %
二	18	16	2	7	4	2	76	75
三	9	6	39	18	7	9	45	67
四	16	18	52	40	6	10	26	32
五	8	14	67	61	6	4	19	21
六	9	18	68	61	7	6	16	15

在我們問：「你知道我國法律是由誰（哪個機關）制訂的?」國小兒童要到四年級才知覺到是由立法院制訂的（見表 3-8）。

---

[7] David Easton and Jack Dennis, "The Child's Image of Government," *The Annals of the American Academy of Political & Social Sciences*, vol. 361, Sept. 1965, pp. 40–57.

在「市」這一階段，誰是決策者，我國二至六年級受測國小兒童的認識甚為混亂（見表 3-9）。但從這方面也可以看出我國兒童亦如美國兒童一樣，對於地方政府的知覺，是相當遲緩的。臺北市國小兒童們的回答，更可以作為我們上述推論的證據。在我們問：「你有沒有聽說過臺北市市議會這個機關？」國小二至六年級 689 名兒童中只有 48% 回答「有」，其餘 52% 回答「沒有」（見表 3-10）。

表 3-9　「假定本區要建造一座公園，這件事應由誰決定？」

項目 性別 年級	總統決定		市長決定		區長決定		市民自己決定		不知道	
	男生 %	女生 %	男生 %	女生 %	男生 %	女生 %	男生 %	女生 %	男生 %	女生 %
二	18	16	8	7	16	27	12	7	45	44
三	7	3	25	27	27	33	14	6	27	30
四	4	12	34	28	20	25	33	18	8	18
五	19	14	8	7	58	60	0	7	15	24
六	0	0	27	21	19	21	48	48	60	9

表 3-10　「你有沒有聽說過臺北市市議會這個機關？」

項目 年級	有 (%)	沒有 (%)
二	19	81
三	53	47
四	51	49
五	43	57
六	62	38
合計	48 (N=330)	52 (N=359)

雖然我國兒童對於地方政府的組織知道得較少，但他們對於市議

員如何產生的，卻有比較明晰的概念，而且對於選舉表現積極支持的態度（見表 3-11 及表 3-12）。

表 3-11 「你知道市議員是怎樣產生的?」

項目 性別 年級	總統任命的		市長任命的		市民選舉的		不知道	
	男生 %	女生 %	男生 %	女生 %	男生 %	女生 %	男生 %	女生 %
二	8	2	6	4	25	42	61	52
三	5	0	5	0	58	15	32	85
四	7	5	4	2	76	56	13	37
五	5	2	0	5	78	60	17	33
六	2	0	1	3	89	94	8	3

表 3-12 「在你成年以後……你去不去投票?」

項目 性別 年級	去		不去		尚未決定		未答	
	男生 %	女生 %	男生 %	女生 %	男生 %	女生 %	男生 %	女生 %
二	59	58	21	22	20	20	0	0
三	61	52	14	24	25	24	0	0
四	61	56	3	5	36	39	0	0
五	79	72	3	2	18	26	0	0
六	86	82	0	6	14	12	0	0

在上面二個表中，除了表 3-11 中的女生對於市議員產生方式的認識，有較大的起伏外，一般說來，男女兒童對於選舉的態度都是支持的，而且其積極性是隨著年齡而遞增的。

惟被調查的兒童，對於現行地方選舉，卻有不良的評價。我們問：

「你認為現在的地方選舉能不能選出賢能的縣市長或議員?」各年級的
男女兒童均顯示出不信任的傾向（見表 3-13）。

　　為什麼我國兒童會認為現行地方選舉制度「不能」選出賢能的縣
市長或議員呢? 這種態度很可能源自於家庭。在家庭裏，父母或其他
長輩的日常閒談中，很可能對少數民意代表或民選官吏的不能滿足人
民的需要，而感到不滿。這種態度可能影響到旁聽的兒童，於是兒童
們一遇到這種問題時，很自然地相信現在的地方選舉不能選賢與能。

表 3-13　　「現在的地方選舉能不能選出賢能的縣市長或議員?」

項目\性別\年級	能		不能		有很多缺點尚待改進		不知道	
	男生 %	女生 %	男生 %	女生 %	男生 %	女生 %	男生 %	女生 %
二	12	4	18	36	14	9	56	51
三	7	9	50	45	7	7	36	39
四	32	25	43	40	3	4	22	31
五	23	15	48	61	7	2	22	22
六	29	30	56	48	3	6	12	16

　　我們的這種假定，在目前固然尚無經驗資料可資佐證，但兒童對
於下面一個問題的回答，多少提供了一些線索。我們的問題是:「如果
去投票，你會投給誰?」選擇「能替人民辦事的人」者，各年級均在 50%
以上，而且年級愈高，這種傾向也愈高，到六年級高達 96% 以上（見
表 3-14）。這表示兒童之所以不滿現行的地方選舉，是因其不能選出
「能替人民辦事的人」來。而這種定向，絕非兒童所固有，乃是自其
他社會化人物或機構 (socialization agents) 處得來的。家庭為社會化機
構中影響力最大者，所以這種定向，來自家庭的可能性最大。

表 3–14　「如果去投票，你會投給誰?」

項目 性別 年級	我喜歡的		有學問的人		品行好的人		能替人民辦事 的人	
	男生 %	女生 %	男生 %	女生 %	男生 %	女生 %	男生 %	女生 %
二	29	16	10	11	4	11	57	62
三	11	12	27	21	9	3	53	64
四	3	2	6	12	10	16	81	70
五	2	1	8	2	7	8	83	89
六	1	0	1	3	4	1	94	96

　　就我國兒童對於政治參與的積極性，亦屬偏低。在前葛林斯坦的美國紐海文研究，有 98% 的兒童回答，在其達到投票年齡時將去投票，而且有 66% 以上相信誰贏得選舉，有相當的差別❽。可是我國兒童做同樣回答的，只有 70%，而不大相信地方選舉能夠達成「選賢與能」的目標——這當中，也意含著不大相信誰當選有相當的差別。由此可以看出，本屬於成年人的政治疏離感 (sense of political alienation)，早在兒童時期即已種下了❾。

　　惟我國兒童在投票決定方面，無論性別，均有獨立自主而不大依賴父母的傾向（見表 3–15）。其與美國學者葛林斯坦的紐海文研究比較，我國兒童在這方面的獨立性似較強於美國兒童。在葛氏的研究裏，美國兒童表示成年後投票時「由自己決定」者，從四年級到八年級，

❽　Greenstein, op. cit., p. 104.

❾　政治疏離感係指一般人對於政治（政治人物、政府組織等）採取不信任的態度，而認為政治是無意義的，故而消極退避。見本人所著《當代政治研究：方法與理論探微》，臺北：時英，民國九十二年，頁 371–406。

未超過 11%❿，而我國國小兒童自四年級開始，除女生外，表示「由
自己決定」者，均在 60% 以上。這顯示出我國未來的主人翁，只要給
他（她）們自由公平的選舉制度與環境，並無不能當家做主的理由。

表 3-15　「如果能去投票，你將會請教誰的意見?」

項目 性別 年級	父親		母親		自己決定		其他	
	男生 %	女生 %	男生 %	女生 %	男生 %	女生 %	男生 %	女生 %
二	57	47	18	18	23	22	2	13
三	52	42	14	30	25	21	9	7
四	31	56	8	9	60	2	1	33
五	29	28	3	5	67	60	1	7
六	27	33	2	3	64	61	7	3

　　最後，根據葛林斯坦等人的研究，美國兒童最早知覺到政府的行
政與立法是兩個不同的職務，且分屬於不同的機關者，乃在中央方面。
到他們升入七年級（相當我國國中一年級）之後，大部分兒童才表現
出瞭解立法與行政立於同樣地位的態度；及至年齡漸長，兒童們往往
將注意力集中於國會及立法程序，而視之為政府的中心❶。

　　其在我國，最初國小低年級的兒童，對於中央五院制只有模糊的
概念，而且有甚至聯想到「考試院」為五院中最重要的一個機關。直
到國小四年級才知覺到，行政與立法立於同等重要的地位。到了五、

---

❿　Greenstein, op. cit., p. 104.

❶　Greenstein, "The Benevolent Leader: Children's Image of Political Au-
　　thority," *American Political Science Review* (*APSR*), vol. 54, 1960, pp.
　　934–943.

六年級，反而認為行政院乃為五院中最重要者，其次才是立法院。至
於監察、司法與考試三院則未予相當的重視（見表 3-16）。這似也意
味著，我國現在所推行的代議民主政治 (representative democracy)，似
尚未深入到一般人們的腦海中，而成為政治文化中的一個重要部分。

表 3-16　　「你認為中央五院哪一院最重要？」

項目 性 別 年級	立法院		監察院		行政院		司法院		考試院		不知道	
	男生 %	女生 %	男生 %	女生 %	男生 %	女生 %	男生 %	女生 %	男生 %	女生 %	男生 %	女生 %
二	10	9	6	11	12	7	4	2	15	9	53	62
三	39	36	18	3	11	3	5	6	9	21	18	31
四	37	28	10	0	33	42	6	11	3	0	11	19
五	26	39	11	3	54	46	0	2	6	10	3	0
六	32	40	7	3	50	49	3	0	3	2	5	6

三、我國國小兒童對於政治群體 (political community) 的知覺

「政治群體」這一概念，依據伊士敦 (David Easton) 原來的意思，
係指政治系統中的分子皆有共屬一個團體，而希望藉共同的努力和平
解決爭端的意識。他稱這種意識為「圈內」或「自家人」的意識[12]。
在一個政治系統內，如果大多數分子沒有這種意識，則這個系統將很
難繼續生存下去。而培養兒童具有這種意識，更是對一個系統的持續
生存 (persistence) 具有無比的影響。因之，現在世界上任何一個國家，

---

[12]　David Easton, "An Approach to the Analysis of Political Systems," *World Politics*, vol. 9, 1957, pp. 383–400.

無不在透過正式教育體制，灌輸下一代這種群體意識，也就是一般所稱的國家民族意識。我國亦不例外，自民國成立以來，一直在這一目標上下工夫（參見本書第七章），惟其效果如何，實有待於普遍深入的研究。在本章中，只著重於「群體」的認知與評價部分，至於對「群體」的感情，暫不涉及。

由於我國在 1949 年以來，一直處在長期分裂的狀態中，毫無疑問地，有許多現象，不但在成年人腦海中產生認知錯亂的現象，連帶地會使兒童們對於「群體」的問題也產生矛盾的知覺。例如一國的首都，乃為該國發號施令的中心，全民注意的焦點。在國家承平之時，法律上與事實上均是一致的；但在國家處於外患內亂之際，往往會產生二者分離的情形。我國在抗戰及目前的狀況，正是這種情形。

在這種情形下，兒童們對於問題的知覺為何呢？在我們問：「你知道我國首都在哪裏？」689 個兒童中，只有 40%(*N*=339) 知道是南京市，年級愈低，知覺愈差（見表 3-17）。然後，我們緊接著又問：「南京市在哪裏？」回答「在大陸上」者佔 72%，而且這種知覺，是隨著年級的升高而增高（見表 3-18）。很顯然地，受調查的兒童，對於這兩個問題，有某種程度認知失調 (cognitive dissonance) 的情形。

表 3-17　「你知道我國首都在哪裏？」

項目 性別 年級	臺北市		南京市		上海市		北平市		不知道	
	男生 %	女生 %	男生 %	女生 %	男生 %	女生 %	男生 %	女生 %	男生 %	女生 %
二	8	9	16	20	2	2	2	0	72	69
三	16	18	29	42	5	0	5	6	45	34
四	11	24	69	40	1	5	2	2	17	29

五	10	9	59	44	12	11	5	8	14	28
六	11	12	64	48	20	30	1	1	4	9

表 3-18　「你知道不知道南京市在哪裏？」

項目 性別 年級	在臺灣省		在大陸上		不知道	
	男生 %	女生 %	男生 %	女生 %	男生 %	女生 %
二	20	5	37	53	43	42
三	16	18	66	43	18	39
四	23	12	68	56	9	32
五	5	4	85	74	10	22
六	6	0	91	85	3	15

　　國家分裂的現狀，不僅影響到兒童對於首都的認知，同時也影響到兒童對於我國國際地位的認知與評價。在我們問：「你認為我國在世界上是怎樣一個國家？」結果有 47% 受調查的兒童認為我國是「亞洲的大國強國」，但亦有 23% 認為我國是「亞洲的小國弱國」。惟從發展的觀點來看，對這一問題的認知與評價，並沒有隨年級的增長而成正比例的增高，反而從三年級以後，有降低的趨勢（見表 3-19）。

表 3-19　「你認為我國在世界上是怎樣一個國家？」

項目 性別 年級	亞洲大國 強國		亞洲大國 弱國		亞洲小國 強國		亞洲小國 弱國		不知道	
	男生 %	女生 %	男生 %	女生 %	男生 %	女生 %	男生 %	女生 %	男生 %	女生 %
二	51	62	0	0	14	3	0	2	35	33
三	84	70	0	6	16	15	0	3	0	6

四	77	53	1	3	0	37	19	0	3	7
五	66	63	4	2	25	29	1	2	4	4
六	53	46	9	15	36	36	1	3	1	0

綜括以上的分析，從發展的觀點來看，一般言之，我國兒童的政治定向，尤其是認知定向，是隨著年級（與年齡）的遞增而增高的，例如對於政治權威人物的認知與崇敬即是。但在有些問題上，例如對於現行地方選舉的評價，雖然持否定的態度，這仍然是一個學習上的問題。我們在前面已經討論過了，此處不再重複。

除了年級（年齡）的因素外，有無其他的因素影響兒童的政治學習，並從而影響他們的政治態度或定向的形成呢？我們以下將試從性別、省籍、居住區域、家庭社經地位等出發，作 χ^2 的分析，看看有無顯著的差異。惟本文限於篇幅，只能就五年級的兒童對少數幾個問題作 χ^2 的分析[13]。

四、我國國小兒童性別、籍貫、居住區域、家庭社經地位的差異，對於其政治知覺的影響

㈠性　別

兒童對於性別差異的認識，早在入學以前就存在了。惟性別的差

---

[13] 統計分析上，對於實際次數分配與理論分配是否配合適當，可依卡方檢定法進行所謂的適合度檢定，以 Pearson 近似式進行。

Pearson 近似式為：

$$x^2_{(v)} = \sum_{i=1}^{k} \frac{(o_i - e_i)^2}{e_i}$$

o_i 為樣本第 i 組的實際次數，e_i 為同組的理論次數，$i=1, 2, \cdots, k$。

請參閱顏月珠，《統計學》，臺北：三民書局，民國八十年，頁 289–294。

異，是否影響兒童的政治學習？在 1930 年代與 1940 年代，美國有一些研究指出，男性兒童要較女性兒童更加注意時事新聞，以及認同政治領袖與其他歷史上的人物[14]。在葛林斯坦的紐海文研究裏，也指出四年級的男女兒童在政治知識 (political information) 方面有極細微的差異，即男生約高於女生 0.53 而已（男生 3.30，女生 2.77）[15]。在本章裏。我們以五年級兒童為例，就其對於我國首都之知識而言，亦是男生稍高於女生，可是作 χ^2 分析後發現，兩者的差異並不顯著（見表 3–20）。而男女兒童對這兩個問題的反應，所表現出來的困惑情形，比例大致相同。

表 3–20　五年級男女兒童對於首都認識正確性之差異

問題 \ 性別	男生 (N=93)		女生 (N=92)		χ^2 分析
	人	%	人	%	
(1)正確指出首都為南京市者	55	59.14	41	44.57	χ^2=6.759　df=4　P>0.05
(2)正確指出南京市在大陸上者	79	84.95	68	73.91	χ^2=5.146　df=2　P>0.05

就對於選舉問題的態度而論，男生似乎比較積極（成年後去投票男生為 78.49%，女生為 71.74%），但女生比男生更不相信現行地方選舉能夠「選賢與能」（48.39% 對 60.87%），更著重候選人應具備「能替人民辦事」的條件（82.80% 對 92.39%）。惟男生的獨立性（投票決定徵求誰的意見）稍強於女生（66.67% 對 59.78%）。可是就幾道題目回答的結果作 χ^2 的分析，發現差異並不顯著（見表 3–21）。之所以不夠

[14] Greenstein, op. cit., pp. 113–114.

[15] Ibid., p. 117.

顯著，可能是由於在這一段，女性兒童尚未有如成年女性那樣認為政治乃是「男人的事」這個觀念❻。可能要到以後的階段，才會逐漸形成這種感覺，也說不定。

表 3-21　五年級兒童性別差異對於政治態度之影響

性別 問題　統計	男生 (N=93)		女生 (N=92)		χ^2 分析
	人數	%	人數	%	
2:15 成年後如遇選舉，去不去投票?					
(1)去	73	78.49	66	71.47	χ^2=1.74
(2)不去	3	3.23	2	2.17	df=2
(3)尚未決定	17	18.28	24	26	P>0.05
2:16 如果去投票，投給誰?					
(1)我喜歡的人	2	2.15	1	1.09	χ^2=4.408
(2)有學問的人	7	7.53	2	2.17	df=3
(3)品行好的人	7	7.53	4	4.35	P>0.05
(4)能替人民辦事的人	77	82.80	85	92.39	
2:21 現在的地方選舉能否選賢與能?					
(1)能	21	22.58	14	15.22	χ^2=5.432
(2)不能	45	48.39	56	60.87	df=3
(3)有很多缺點，尚待改進	7	7.53	2	2.17	P>0.05
(4)不知道	20	21.50	20	21.74	
2:17 如果去投票，請教誰的意見?					
(1)父親	27	29.03	26	28.06	χ^2=4.212
(2)母親	3	3.23	5	5.43	df=5
(3)哥哥或姊姊	1	1.08	4	4.35	P>0.05
(4)同學	0	0	1	1.09	

❻　見 Robert E. Lane, *Political Life* (New York: The Free Press, 1964), p.211.

(5)朋友	0	0	1	1.09
(6)自己決定	62	66.67	55	59.78

㈡省　籍

中華民族雖然生活於一個總體文化 (general culture) 之中，但無可否認地，由於風俗人情、地形、氣候等因素的影響，形成了有若干差異性的許多次文化 (subculture)。這些次文化，對於個人的政治態度有多大的影響，不得而知。在本章裏，我們假定它無顯著的影響我們的理由是：儘管兒童的父母們有不同的籍貫隸屬，但受調查的兒童們生於斯、學於斯，也即在同一公民教育體制下長成的，所以他們父母所屬的次文化背景，對於他們的影響，可能已相同沖淡了。以下的分析，多少證明我們上述的看法是成立的（見表 3–22）。

表 3–22　五年級兒童的省籍對於首都認識正確性之差異

問題　　　性別	本省與本市籍 (N=133)		外省籍 (N=52)		χ^2 分析
	人	%	人	%	
(1)正確指出首都為南京市者	63	47.37	33	63.46	χ^2=5.505 df=4　P>0.05
(2)正確指出南京市在大陸上者	96	72.18	47	90.38	χ^2=8.106 df=2　P<0.05

就政治的知識而言，五年級外省籍兒童有稍高於臺灣省籍與臺北市兒童的傾向，其中有一問題的回答（南京市在哪裏），二者有顯著的差異。

五年級外省籍兒童在某些政治知識方面，有較高的傾向，可能與他們的家庭背景有關。他們的父母，至少是父親，來自大陸各省，其

對故鄉有一分懷念之情，乃人之常情。這種情緒多多少少會傳遞到兒童們身上，從而使他們也關心到有關的知識。

　　在對選舉的態度上，外省籍的兒童似乎較為積極，但差異並不顯著。他們對於投票選擇的對象，大致相同，皆欲選擇「能替人民辦事的人」（本省市兒童87.9%，外省兒童86.5%）。在投票時如何作決定，也均有相同的趨向，即由自己決定為主（本省市兒童64.8%，外省兒童63.5%），其次才是徵求父親的意見，徵求母親或其他人的意見極少。但奇特的是，外省籍的兒童似乎更不相信現行地方選舉能夠「選賢與能」，惟差異並不顯著（見表3-23）。這兩類兒童之所以不相信現行地方選舉的功能，可能是受了家庭的影響，前已言之，茲不再贅。

表3-23　五年級兒童省籍差異對於政治態度之影響

問題　　　　　　　性別　　統計	本省與本市籍 (N=133)		外省籍 (N=52)		χ^2 分析
	人數	%	人數	%	
2:15 成年後如遇選舉，去不去投票?					
(1)去	91	68.4	40	76.9	χ^2=2.685
(2)不去	5	3.8	0	0	df=2
(3)尚未決定	37	27.8	12	23.1	P>0.05
2:16 如果去投票，投給誰?					
(1)我喜歡的人	1	0.8	2	4.0	χ^2=3.143
(2)有學問的人	6	4.5	3	5.7	df=3
(3)品行好的人	9	6.8	2	3.8	P>0.05
(4)能替人民辦事的人	117	87.9	45	86.5	
2:21 現在的地方選舉能否選賢與能?	25	18.8	10	19.2	χ^2=5.084
	67	50.4	34	65.4	df=3

⑴能					
⑵不能					
⑶有很多缺點，尚待改進	7	5.3	2	3.9	$P>0.05$
⑷不知道	34	25.3	6	11.5	
2:17 如果去投票，請教誰的意見?					
⑴父親	34	25.5	19	34.6	$\chi^2=9.258$
⑵母親	6	4.5	1	1.9	$df=5$
⑶哥哥或姊姊	4	3.0	0	0	$P>0.05$
⑷同學	1	0.7	0	0	
⑸朋友	2	1.5	0	0	
⑹自己決定	86	64.8	32	63.5	

㈢居住區域

本研究所選的樣本，乃來自於南港、松山、大安、大同、萬華五區的兒童。這五個區，除南港外，是屬於舊市區。而在這五個區中，所選出的五所學校，除幸安國小座落於環境良好的仁愛路三段外，其餘均為中下階層市民子弟就讀的學校，環境不良，其中尤以大同、萬華二區之國小為然。現在我們要問: 居住區域之差異，對兒童的政治定向有無影響? 對於這一問題的分析，因為有五組 (groups) 之多，所以採用 χ^2 的中位數驗證法 (median test)。其法為先求出各組的中位數，然後再分別列入每一組在中位數以上與以下的實數有多少，然後再計算 χ^2。計算的結果，如所得的值未大於表值，則表示各組仍適用同一的中位數，而無顯著的差異存在; 反之，則有顯著的差異存在。

就這五區的兒童（五年級）而言，在政治知識上，似乎是南港區與大同兩區的兒童有點偏低，但差異並不顯著（見表 3-24）。這兩個區（南港與大同國小）的兒童之所以偏低，是可以理解的，因為該兩校學區環境比較落後之故。但在萬華區的大理國小所處環境並不比前

兩校好，為什麼反而較高，其原因就不得而知了。由於此處樣本不多，無法作進一步的分析，只有留待以後再做進一步的研究了。

表 3-24　五年級兒童的居住區域對於首都認識正確性之差異

居住 區域 問題	南港 (N=55)		松山 (N=29)		萬華 (N=26)		大同 (N=41)		大安 (N=41)		χ^2 中位數 驗證法
	人	%	人	%	人	%	人	%	人	%	
(1)正確指出 首都為南 京市者	24	43.64	17	58.62	16	61.54	19	43.34	20	58.82	$\chi^2=4.999$ $df=4$ $P>0.05$
(2)正確指出 南京市在 大陸上者	37	67.27	28	96.55	24	92.31	25	60.98	29	82.29	$\chi^2=8.106$ $df=2$ $P<0.05$

註：$\rho=0.6$　$P>0.05$

對於選舉的態度而言，則以萬華區的兒童比較不積極 (57.69%)，而以大安區的兒童最積極 (85.29%)，南港 (65.45%)，大同 (68.29%) 與松山 (72.41%) 三區的兒童則介於中間。可是對於現行地方選舉的功能，最不相信其能「選賢與能」者，反而是大安區的兒童 (82.35%)；比較相信的，則是環境較差的大同區的兒童（相信與不相信均各為34.15%）；松山（相信為 27.59%，不相信為 41.38%），萬華 (57.69%) 與南港 (58.18%) 三區的兒童則介於中間。而五區兒童對於候選人應具備的條件中，又幾乎一致強烈地偏向於「能替人民辦事」的條件。如將這一因素不計，將上述二題回答的百分比來求等級相關 (rank order correlation)❼，我們發現除了松山與南港沒有變動外，其餘三區均有變

---

❼　等級相關 (rank order correlation) 是指將兩個問題的調查結果按照數值大小，根據自變項加以排序，列出等級，然後再以等級進行相關性分

動，其中以大安區的變動最大──肯定與否定成一尖銳的對比（見表 3-25）。這是什麼原因？我們在這裏無法知道，只有留待以後的研究去尋求解答了。

表 3-25　五年級兒童的居住區域對選舉問題反應之等級

問題　統計　居住區域	I. 成年後去投票		II. 相信現行地方選舉能選賢與能		D	D^2
	%	rank	%	rank		
大安	85.29	1	2.94	5	−4	16
松山	72.41	2	27.59	2	0	0
大同	68.29	3	34.15	1	2	4
南港	65.45	4	12.73	4	0	0
萬華	57.69	5	19.23	3	2	4

註：$\Sigma D^2 = 24$　代入　$\rho = 1 - \dfrac{6\Sigma D^2}{N(N^2-1)} = 1 - \dfrac{144}{120} = 1 - 1.2 = -0.2$　$P > 0.05$

再就五區兒童投票決定的獨立性（由自己決定）而言，以萬華、大同二區的偏低（分別為 46.15% 與 56.10%），而獨立性最高的，則為大安區的兒童 (73.53%)，次為南港 (70.91%)，再次為松山 (68.97%)。

以上各題的實數，用中位數驗證法分析後，雖然差異並不顯著，但從百分數上去觀察，無可否認的，是有若干影響存在。即大致可以看出，居住環境欠佳地區的兒童，對政治的態度較不積極，獨立自主性較低（見表 3-26）。

析。表 3-25 下方公式即為等級相關的計算公式。

表 3-26　五年級兒童居住區域對於政治態度之影響

居住區域 統計 問題	南港 (N=55) 人	%	松山 (N=29) 人	%	萬華 (N=26) 人	%	大同 (N=41) 人	%	大安 (N=34) 人	%	χ^2 中位數 驗證法
2:15 成年後如遇選舉，去不去投票?											
(1)去	36	65.45	21	72.41	15	57.67	28	68.29	29	85.29	χ^2=1.606
(2)不去	3	5.45	0	0	0	0	1	2.44	1	2.95	df=4
(3)尚未決定	16	29.09	8	27.59	11	42.31	12	29.27	4	11.76	P>0.05
2:16 如果去投票，投給誰?											
(1)我喜歡的人	0	0	1	3.45	0	0	1	2.44	1	2.94	χ^2=2.812
(2)有學問的人	4	7.27	1	3.45	1	3.85	1	2.44	2	5.88	df=4
(3)品行好的人	8	14.55	3	10.34	0	0	0	0	0	0	P>0.05
(4)能替人民辦事的人	43	78.18	24	82.76	25	96.15	39	96.12	31	91.18	
2:21 現在的地方選舉能否選賢與能?											
(1)能	7	12.73	8	27.59	5	19.23	14	34.15	1	2.94	χ^2=4
(2)不能	32	58.18	12	41.38	15	57.69	14	34.15	28	82.35	df=4
(3)有很多缺點尚待改進	5	9.09	0	0	1	3.85	1	2.44	3	8.82	P>0.05
(4)不知道	11	20	9	31.03	5	19.23	2	29.27	2	5.88	
2:17 如果去投票，請教誰的意見?											
(1)父親	14	25.45	9	31.03	10	38.46	11	26.83	9	26.47	χ^2=2.166
(2)母親	1	1.82	0	0	2	7.69	4	9.76	0	0	df=4
(3)哥哥或姊姊	0	0	0	0	2	7.69	1	2.44	0	0	P>0.05
(4)同學	0	0	0	0	0	0	1	2.44	0	0	
(5)朋友	1	1.82	0	0	0	0	1	2.44	0	0	
(6)自己決定	39	70.91	20	68.97	12	46.15	23	56.10	25	73.53	

㈣家庭社經地位 (family socio-economic status)

定一個人或一個家庭的社經地位，有很多方法，例如曾為社會學界普遍使用的 F. Stuart Chapin 的社經地位量表法 (the social status scale)，即根據收入、職業、教育程度與生活水準等客觀標準，來區分個人所屬的社會階層或社會地位⑱。再如 A. B. Holling Shead 與 F. C. Redlich 則根據家長的職業、住宅地區狀況、個人教育程度三項因素各給以相當分數，來定一個人所屬的社會階層⑲。在本研究裏，我們則以下列因素來定兒童家庭的社經地位：⑴父母的教育程度（以父親為主，如沒有父親，則以母親為主）；⑵父母的職業（以父親為主，如沒有父親，則以母親為主）；⑶家庭主要設備，以代替一般所常用的經濟收入。詳細言之，在家長教育方面，分為六級，即大專、高中（高職）、初中、小學、識字（私塾）與不識字。最高給予十二分，最低給予二分，上下皆以二分遞增或遞減。在職業方面分為六等，即：⑴專門技術管理業，如工程師、醫生、公司經理、大學教授等；⑵佐理業，如普通公務員、公司職員等；⑶買賣業，如商店老闆等；⑷農人、牧人、漁夫；⑸技工與半技工，如司機、理髮師、礦工等；⑹非技術工，即一般所謂的體力勞動者。最高給予十二分，最低給予二分，上下亦以二分遞增或遞減。在家庭設備方面，我們只列了主要的九項，即：洗衣機、電冰箱、煤氣爐、電視機、電話、照相機、冷氣機、吸塵器與自用小轎車。以市價二千元左右給予一分，例如洗衣機給予二分，照相機與煤氣爐給予一分即是。三種得分相加，我們從最低到最高，劃

---

⑱ 見 Paulni V. Young and Calvin F. Schmid, *Scientific Social Survey and Research* (Englewood Cliffs, N.J.: Prentice-Hall, 1966), pp. 368–370.

⑲ 見朱桓銘，〈社會階層因素與精神疾病流行病學〉，《臺灣醫學會雜誌》，卷68，期5，頁234–243。

成七個階層，即：下下 (0)、下中 (1–10)、下上 (11–20)、中下 (21–30)、中中 (31–40)、中上 (41–50)、上 (50+)。

在作兒童家庭社經地位對於他們政治定向的影響分析時，我們仍以五年級兒童為主，惟在五年級 185 個樣本中，並無一人是來自下下階層的家庭，所以實際上只有六個階層，而且以中間階層的家庭最多（N=93，或 50.27%）。

表 3–27　五年級兒童的家庭社經地位對於首都認識正確性之差異

問題 社經地位	下中 (N=17)		下上 (N=66)		中下 (N=48)		中中 (N=39)		中上 (N=6)		上 (N=9)		χ^2 中位數驗證法
	人	%	人	%	人	%	人	%	人	%	人	%	
(1)正確指出首都為南京市者	7	41.80	29	43.94	28	58.33	26	66.67	1	16.67	5	55.56	χ^2=8.332 df=5 P>0.05
(2)正確指出南京市在大陸上者	10	58.82	47	71.21	41	85.42	34	87.18	5	83.33	6	66.67	χ^2=1.992 df=5 P>0.05

註：ρ= 0.6　　P>0.05

就政治知識而言，以中間階層（特別是中中階層）家庭出身的兒童程度較高（見表 3–27），上等階層的子女似乎並不太關注政治問題。下等階層家庭出身的子女對政治問題興趣較少，理由易找，蓋家庭環境不良，一般言之，極易阻礙兒童對於政治知識的追求。但家庭富有，這種阻礙並不存在，為什麼反而偏低，這就令人奇怪了。惟此處的樣本太少，並不能據之推論所有出身於上等家庭兒童皆不關心政治問題，而需待進一步的研究。

表 3-28　　五年級兒童家庭社經地位對於政治態度之影響

問題 \ 社經地位統計	下中 (N=17) 人	%	下上 (N=66) 人	%	中下 (N=48) 人	%	中中 (N=39) 人	%	中上 (N=6) 人	%	上 (N=9) 人	%	χ^2 中位數驗證法
2:15 成年後如遇選舉，去不去投票?													
(1)去	8	47.06	44	66.67	23	47.92	34	87.18	4	66.67	6	66.67	χ^2=4.66
(2)不去	1	5.88	2	3.03	1	2.08	0	0	0	0	1	0	df=5
(3)尚未決定	8	47.06	20	30.30	24	50.00	5	12.82	2	33.33	2	33.33	P>0.05
2:16 如果去投票，投給誰?													
(1)我喜歡的人	0	0	0	0	3	6.25	3	7.69	0	0	0	0	χ^2=3.916
(2)有學問的人	1	5.88	2	3.03	2	4.17	3	7.69	0	0	0	0	df=5
(3)品行好的人	1	5.88	6	9.09	3	6.25	0	0	1	16.67	1	11.11	P>0.05
(4)能替人民辦事的人	15	88.28	58	87.88	40	3.33	33	84.62	5	83.33	8	88.89	
2:21 現在的地方選舉能否選賢與能?													
(1)能	1	5.88	14	21.21	9	18.75	8	20.51	3	50.00	2	22.22	χ^2=10.94
(2)不能	11	64.71	31	46.97	27	56.25	25	64.10	1	16.67	4	44.44	df=5
(3)有很多缺點尚待改進	0	0	3	4.55	4	8.33	1	2.56	0	0	1	11.11	P>0.05
(4)不知道	5	29.41	18	27.27	8	16.67	5	12.82	2	33.33	2	22.22	
2:17 如果去投票，請教誰的意見?													
(1)父親	8	47.06	20	30.30	10	20.83	13	3.33	0	0	2	22.22	χ^2=7.255
(2)母親	1	5.08	3	4.55	2	4.17	1	2.56	0	0	0	0	df=5
(3)哥哥或姊姊	0	0	3	4.55	0	0	1	2.56	0	0	0	0	P>0.05

(4)同學	0	0	0	0	0	0	0	0	0	0	0	0
(5)朋友	0	0	1	1.52	1	2.08	0	0	0	0	0	0
(6)自己決定	8	47.06	39	59.09	35	72.92	24	61.54	6	100.00	7	77.78

其次，其對於選舉的態度，也是來自於中等階層家庭子女比較積極，尤其是中中這一階層為然（見表 3-28）。下層尤其是中下階層的子女比較猶豫（「尚未決定」佔 50.00%）。在投票對象的選擇方面，均強烈傾向於選擇「能替人民辦事的人」，而且作中位數驗證法分析的結果，差異極不顯著。在投票時將會徵求誰的意見這一問題上，仍以中間階層家庭出身的兒童顯示有較高的自主性。可是對於現行地方選舉是否具有選賢與能的這一功能，除中上階層的兒童外，均有不信任的傾向。惟此處樣本不足，雖然作 χ^2 中位數驗證法分析的結果，均無顯著的差異，但仍不足以肯定家庭所屬社會階層對於國小兒童的政治知覺與定向無顯著的影響，而須有待繼續的研究。

第三節　結論與討論

在以上的研究分析，我們大致可以獲得如下幾點結論：

第一、我國兒童的政治知覺與政治定向，是隨著年齡的成長而成長的，而且最早知覺到的，是政治上的最高權威領導人物，如國父孫中山先生與總統；其次，才是政府結構與政治歷程。此點與美國的研究，雖稍有出入，但大致類似。所以，上述第一與第二兩個問題，均得了明晰的回答。

第二、就性別、籍貫、居住區域、家庭社經地位等變項上，雖在百分數上有些差異或起伏，但經統計分析後，除極少數題目外，並不顯著。不過，對於問題的知覺，似顯示男生、外省籍、居住區域環境

較佳、家庭社經地位較高者，對於政治的知覺與定向呈現出較為積極性的傾向。所以，在上節中所提出的第三個問題，也有了清楚的答案。

　　惟在本章的分析中，仍有幾個問題，值得提出來加以進一步的討論：

　　第一、我國兒童對於政治權威領導人物，固然認識較早較高，但他們所認識的，只是擔任某個角色的個人，而非角色本身。例如他們極大部分（二至六年級合計 69.66%）能夠寫得出時任總統的蔣中正的姓名，但不大知道總統這一職位的充當者產生的方法。只有 17.7%（二至六年級）知道當時總統是由國民大會選舉產生的，52.68% 以為總統是由全國人民選舉的。再如在地方層次上，固然他們大部分知道市議員是怎樣產生的 (66.32%)，但仍有 52% 的兒童未知覺到市議會是個什麼樣功能的機關。由此可以推知，我國兒童仍不夠瞭解市議員這一角色的意義何在。

　　第二、我國兒童雖然對於選舉權的行使，表現出積極的態度（72.23% 表現出在成年後要去投票），但他們又認為現行地方選舉不大能夠「選賢與能」（47.46% 認為「不能」，認為「能」者只有 21.19%）。何以有這種現象呢？這可能是來自於其他社會化機構如家庭等暗示社會化的效果。表示本屬於成年人所有的政治疏離感，早在兒童時期即已種下了因子。

　　第三、在屬於「群體」的認知方面，兒童們對於我國法定首都為南京市的認知，產生混亂。就目前的國土長期分裂的情勢而言，毋寧是正常的，一點也不奇怪；而且這種認知失調的現象，也存在於成年人的認知地圖中。國土分裂問題一天不解決，就會長期存在下去，且會愈來愈嚴重。

　　第四、從我國兒童自中產以上家庭出身者，所顯出有較高的獨立

自主的傾向來看，固與美國的研究有些差距（美國兒童的政黨認同，
受其父母的影響甚大）❷，但也可以看出我國社會在現階段的變遷，
可能相當快速，父母對於子女的影響，似在積極衰退之中。至於是否
還有其他更重要的因素存在，均需待未來進一步研究了。

---

❷　見 Angus Campbell et al., *The American Voter* (New York: Wiley, 1960),
pp. 99, 146–149.

第四章　我國家庭權威模式、教養方式與兒童的政治功效意識及人格結構

第一節　概　說

在上章（即第三章）中，我們以臺北市五個國小兒童的資料，詳細分析了我國國小兒童在政治知覺方面成長的情形。基本上，其與美國兒童在政治知覺上的成長，大致相類似。

在本章中，我們在民國六十一年（1972 年），再以自臺北市景美地區的國小及國中（景美國小及景美國中），分別自國小四年級到國中三年級，抽取有效樣本 562 份，目的是想瞭解我國家庭在作為一個基本社會化機構 (socialization agent)，其家庭權威模式、教養方式，與兒童們對於政治的功效意識 (sense of political efficacy)，有無因果關係。因為我們在第三章的研究中，已覺察到我國兒童在其政治定向中，顯出成年人方所有的「政治疏離感」的情形。政治疏離感乃是政治功效意識相對立的概念──即政治疏離感高者，必然在政治功效意識尺度上表現偏低；反之亦然。家庭可能是明示或暗示傳遞政治疏離感，從而影響功效意識最基本的單位或機構。所以，我們在本章中，特別針對家庭製作權威決定的模式與教養兒童的方式，來探討其與兒童們政

治功效意識的關係。

其次，我們懷疑我國家庭中的權威決策模式，會直接影響到他們教養兒童的方式；而教養的方式，又影響到兒童們的人格成長。一般說來，早年的家庭中權威的決策模式與權威的兒童教養方式，乃是形成成年人權威人格與性格的一個非常重要因素。此在西方已有許多文獻指出二者確有密切關係。我國自 1911 年辛亥革命推翻滿清專制，建立共和體制以來，追求民主 (democracy) 已有九十餘年的歷史，但迄今在臺灣階段只完成形式的民主體制而已，距離民主的實質內容──例如對不同意見的寬容，相信憑藉獨立公正的司法可以解決爭端，相信投票的平等價值，並可藉投票來改變政治現狀，任何政黨競爭的策略與手段均約束在法律與道德範圍之內等──似仍遙不可及，猶待熱心追求民主的人士長期的努力。

我國這種長期追求民主化而無法順利完成的情形，絕不是一個單純的制度建立的問題，而是涉及國民性格的轉變問題。而國民性格的轉變，深一層講，乃是涉及整個中華文化轉型的問題。其中的艱難是如何地巨大，豈是高唱「畢其功於一役」的「革命」二字就可解決。如果在國民心目中，仍普遍地相信只有權力與權威，才可解決一切問題。在此價值觀念下，何來真正的民主？二次大戰前德國與義大利法西斯主義 (fascism) 的興起，成為政治上的狂飆，危害到全人類，豈是希特勒與墨索里尼二人有過人的魔法？毛澤東在中國大陸上發動了長達十年，幾乎毀掉整個中國的「文化大革命」，豈完全是毛氏個人超人魅力所致？這其中是否也涉及中華文化內在的問題，如國民性等因素在內？本章對於這一重大問題，不可能有完整而深入的解答，只能從較為微小的層面──家庭決策模式與教養方式──去尋求一些脈絡而已。因為我們認為，這兩個層面，就是構成文化的基本要素，也是傳

遞價值觀念最重要的途徑。

以下就本章最基本的概念與假設加以詳細介紹。

第二節　基本概念與假設

西方學者研究家庭在政治社會化過程中的角色或地位，常從兩個層面著手。

第一、分別家庭的社會化功能為明示或故意的，與暗示或偶然的兩種，然後再從這兩方面進行深入的研究。明示或故意的政治社會化功能，乃是指父母或家庭中其他長輩，在餐桌上或以其他方式，有計畫地直接灌輸兒童政治定向之謂。其方式乃是自上而下的灌輸或教導。這種社會化方式，也可以稱之為世代之間的模式。至於暗示或偶然的社會化，乃是說從家庭中的權威模式或教育方式等，暗示或偶然地學習到對於權威的定向或評價等。這種學習，出之於兒童自動模仿者居多。

第二、從家庭的某一面向如結構 (structure)、權威模式或教養方式等，來分析對於兒童社會化的影響，其目的在求二個變數之間的因果關係。例如蘭登 (Kenneth R. Langton) 1964 年的牙買加研究 (Jamaica study)，勞勃蘭 (Robert E. Lane) 的父子關係研究，以及平饒 (Frank A. Pinner) 的法、比、荷三國研究❶等均屬之。詳言之，蘭登發現在母系

---

❶　見 Kenneth E. Langton, *Political Socialization* (New York: Oxford U. Press, 1969), pp. 31–38; Robert E. Lane, "Fathers and Sons: Foundation of Political Beliefs," *American Sociological Review*, vol. 24, Aug. 1959, pp. 502–511; Frank A. Pinner, "Parental Overprotection and Political Distrust,"*The Annals of the American Academy & Social Sciences*, vol. 361,

家庭與夫婦組成的小家庭，對於兒童政治社會化所形成的結果並不相同。在母系家庭中，由於只有母親而無父親，受調查者要較小家庭中出身者，對政治甚少興趣，不相信他們將來能夠對政治有影響力，並且在人格上更具權威主義的特質 (authoritarian traits)。在母親當權的小家庭中，也有類似的情形。而勞勃蘭研究美國家庭，發現相當寬容的父子關係存在於美國家庭中。他認為這可能與美國一般人民之易接受政治規範，以及對政治領袖、法律，甚至整個的美國政治體系抱著積極支持的態度，有著密切的關係。至於平饒氏於研究法、比、荷三國青年後，發現法比二國的父母，通常對其子女太過保護及指導，其結果使得子女視外在世界為危險的場所。於是他推論這種感覺可能為法比二國的成年人在政治上，表現出不信任及消極態度的根源。

這些研究均有相當的價值，均可作為本研究形成理論假設的參考。因為我們認為：不同的家庭結構，一定會在日常的家庭決策模式與教養方式，經由明示（故意的）或暗示（非故意的）途徑，影響到兒童的人格特質，並從而影響到他們對於政治的感覺，也就是政治功效意識上面。

在上述基本理論假定之中，有幾個相關的概念，必須要做澄清。

第一、在本研究中，家庭結構係指家庭組成的方式為何，通常包含三類家庭結構在內，即：小家庭或核心家庭 (nuclear family)、大家庭 (joint family or extended family) 與主幹家庭 (stem family)。小家庭乃是已婚夫婦與其子女共居的家。而大家庭乃是由兩個或兩個以上的小家庭，由父母子女關係為核心而結合在一起的家庭。其中典型的，是為家長制的家庭，它包括祖父母、祖父母的未婚子女、子媳及其子女，共同生活在一起。至於主幹家庭，乃是介於小家庭與大家庭之間的家

Sept. 1965, pp. 67–70.

庭，它是由祖父母及有繼承權的子媳及其子女所組成者。至於祖父母的其他子女一旦結婚，就要分居出去。所以這種家庭，永遠是直線地繁衍下去。

第二、任何一個家庭，總免不了要為每日大小事務做若干決定。可是家庭的一般決策權，究竟在誰的手裏？這就是權威決策模式這一概念所指涉者。在我們的觀察，以小家庭為例，家庭決策權的歸屬，可能有三種情形：(1)握在父親手裏；(2)握在母親手裏；(3)由父母親共同掌握——即所有的事情，俱要兩人共同同意後才行，這種決策制度最不易形成一種均衡的狀態。至於大家庭，雖在臺灣已不多見，但在中國舊小說中卻不乏典型的例子，例如描寫北宋時期楊家將天波府中的佘太君，紅樓夢中的賈母，都是握有權威決策權的大家長。

第三、所謂教養方式，乃是指父母或家庭中有施教權的其他長輩養育兒童的方法。這一概念涵義至廣，在本章研究中，我們只以四種指標作為教養方式這一概念的內涵，即：(1)兒童自主權的大小；(2)家庭中決定參與權的有無；(3)父母施行懲罰權的寬嚴；與(4)父母回答兒童疑問的耐心程度。然後再將這四個指標放在一起，構造成一個簡單的量表。這個量表由四道題目所構成，每題有五個答案，各給一定的數值，最寬給予五分，最嚴給予一分，餘類推❷（見圖4-1）。

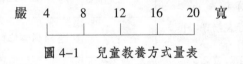

圖4-1　兒童教養方式量表

第四、本章所指的人格特質，主要是指心理學家陸凱許 (Milton

---

❷　構成父母教養方式量表的四道題目如下：

Rokeach) 制訂的獨斷主義量表 (Dogmatism Scale) 上所顯示出的人格特質。這一量表原為用來測量個人信仰系統結構 (belief system structure) 開放與封閉的情形。陸氏這一量表，主要是修改 1950 年美國加州大學（柏克萊校區）一群社會心理學家用以測量右派權威人格的量表（簡稱 F-scale）而來的。構成這一量表的變數共有九項，即：傳統主義 (conventionalism)、權威的順服 (authoritarian submission)、權威的侵

1.你想想看，當你父母給你買衣服、鞋襪或其他屬於你自己的東西時，他們事前問不問你的意見?			2.你想想看，對家裏的事情，例如買一架收音機或電視機，你的父母允許不允許你表示意見?		
父親	選項	母親	父親	選項	母親
	(1)每次都問			(1)從來不允許	
	(2)大半都問			(2)多半不允許	
	(3)有時問			(3)有時允許	
	(4)多半不問			(4)多半允許	
	(5)從來不問			(5)每次都允許	
3.在家裏，當你偶爾犯了錯誤時，你的父母總是:			4.在家裏，當你有問題請教你的父母時，他們總是:		
父親	選項	母親	父親	選項	母親
	(1)既不以言勸導，也不責罰			(1)耐心地回答	
	(2)以好言勸導，從不責罰			(2)多半耐心地回答	
	(3)以好言勸導，很少責罰			(3)有時耐心地回答	
	(4)先是以好言勸導，然後再責罰			(4)多半不耐心地回答	
	(5)從不以好言勸導，每次不是打就是罵			(5)每次都不耐心地回答，甚至還責備問題太多	

略 (authoritarian aggression)、反對內省 (anti-intraception)、刻板 (stereo-type)、權力的渴求 (power hunger)、諷世的態度 (cynicism)、投射 (pro-jectivity)，以及對性問題的誇張❸。惟在這九個變數中，主要的是權威的順服與權威的侵略二個變數。因為凡具有權威人格特質者，總是對比他有權威者表示頌揚，比他沒有權威者表示倨傲。由於他相信權力可解決一切，再加上刻板的思想型態，所以很容易接受反民主的宣傳與煽動。

可是一般批評者認為 F-scale 只能用來測量右派，而不能測量左派的權威人格❹。於是陸氏乃重新設計一套量表，用以測量右、左甚至中間的權威主義人格。陸氏理論主要著重之點，不是一個人的信仰內容如何，而是一個人的信仰系統的組織 (organization) 或結構 (struc-ture)。信仰系統有開放 (openness) 與封閉 (closeness) 兩種極端。因之，一個思想封閉的個人，不問其所接受的意識型態內容如何，其思維方式 (way of thinking) 總是封閉的與獨斷的，其意見與信仰是固執的，對於權威無條件的接受，否定與自己意見相左者，並有限度地接受與自己意見相同者。也可以說，一個思想封閉的人，也就是一個權威主義與不能寬容的人❺。這樣一來，陸氏將人格結構與思想的開放與封閉聯繫在一起了。

---

❸　參見 T. W. Adorno et al., *The Authoritarian Personality* (New York: Harper & Row, 1950), pp. 228ff.

❹　見 Edward A. Shils, "*Authoritarianism: Right and Left*", in *Studies in the Scope and Method of the Authoritarian Personality*, eds., Richard Christie & Marie Jahoda (Glencoe: The Free Press, 1954), p. 38.

❺　Milton Rokeach, *The Open and Closed Mind* (New York: Basic Books, 1960), pp. 55–57.

　　陸氏為了測量這種權威人格，乃根據其理論，制訂了四十個問題的量表 (D–40 scale)❻。惟在本章研究中，為了精簡起見，我們採用了另一學者第蘭初 (Gordon J. Direnzo) 所修改而成 D–10 量表。D–10 量表只有十道題目，曾用之於研究義大利國會議員的政治人格，其效度並不差於原來的量表❼。我們依強弱分為五等第（最同意五分，最不同意一分），結果構成一量表（見圖 4–2）。

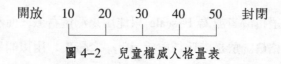

開放　10　20　30　40　50　封閉

圖 4–2　兒童權威人格量表

---

❻　D–40 scale 載於前揭書 pp. 413–415 Appendix A 中打有 * 號者。

❼　見 Gordon J. Direnzo, *Personality, Power & Politics* (Notre Dame, Ind.: University of Notre Dame Press, 1967), pp. 31–32. 這十道題目如下：

⑴當著許多人的面前批評和自己想法相同的人，是最不對的。

⑵在沒有聽到我們所尊敬的人的意見之前，對於正在發生的事情，最好不要隨意表示意見。

⑶我們生存的這個世界，根本就是一個相當寂寞的地方。

⑷在人類歷史上，真正偉大的思想家可能不多。

⑸我總覺得最好的生活方式就是和自己趣味相投及想法相同的人做朋友或一塊兒做事。

⑹大多數人的確不知道哪些是對他們有益的事。

⑺如果我們一旦與別人發生激烈的爭論時，我們就要爭論到底才算數。

⑻在這個複雜的世界裏，我們只有依賴所能信任的領袖與專家，才能夠瞭解所發生的各種事情。

⑼一個人只顧到自己的快樂，是很可恥的。

⑽有時我曾經想過，我將來要做一個偉大人物，可是我不喜歡承認這一事實，即是對我自己也是如此。

　　第五、所謂政治功效意識，乃是個人認為其政治行動，對於政治歷程一定有，或能夠有所影響的感覺❽。本章採用了坎培爾 (Angus Campbell) 等人在美國研究選民投票行為，以及蘭登研究政治社會化問題，所共同使用的四道題目的政治功效意識量表❾。每題答案從最同意到最不同意分為五等第計分，結果構成如下的量表（見圖 4–3）。

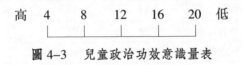

圖 4–3　兒童政治功效意識量表

　　根據上述的概念，我們提出了三個基本假設作為分析的依據：

　　第一、在家庭結構外，屬於兒童個人的因素如年齡（年級）、性別等的差異，並不影響他們的政治功效意識。

　　第二、在家庭裏，父母親的教育程度，與其家庭的社會經濟地位的高低，有可能影響兒童的政治功效意識。

　　第三、在家庭結構裏，家中決定權的歸屬，與教養權的歸屬，二者有密切關係。而教養方式的寬嚴，與兒童人格結構及其政治功效意識的開放或封閉與高低，有密切關係。

　　這一研究以臺北市景美區的兒童為調查研究對象，從國小四年級

---

❽　見 Angus Campbell et al., *The Voter Decides* (Evanston, Ill.: Row Peterson, 1954), p. 187.

❾　Ibid., pp. 187–197; Langton, op. cit., pp. 21–51. 這四種題目如下：
　(1)即使我成年了，我不認為政府官員會十分關心像我這樣的人所想的事情。
　(2)參加選舉投票乃是我們成年後影響政策的唯一方法。
　(3)像我這樣的人，在成年後對政府所做的事，沒有一點影響力。
　(4)國家大事有時太複雜了，不是像我這樣的人所能真正瞭解的。

到國中三年級為止，正好連續六個年級，年齡自九歲到十五歲為止。共得有效問卷 562 份，廢卷 23 份，廢卷率不到百分之四 (3.9%)（見表 4-1）。

表 4-1　收回樣本數與有效樣本數對照表

年級	收回問卷數	有效問卷數	廢卷數
國小四年級	100	97	3
國小五年級	99	98	1
國小六年級	101	98	3
國中一年級	87	82	5
國中二年級	106	98	8
國中三年級	92	89	3
合計	585	562	23

第三節　兒童年級、性別、籍貫等因素對其政治功效意識的影響

一、年　級

在上章中（本書第三章），我國兒童的政治知覺，是隨著學習次序的增長而增長的。也即是說，他們的政治知識是與其年級（年齡）的成長成正比的，特別是對於政治人物的認知為然。政治功效意識，乃是屬於個人的政治感覺 (feeling) 成分居多，但亦有認知的成分在內。如果個人認識到其所屬政治系統不重視其分子的意見之後，他自然會感覺到他個人的行動無法影響到政治歷程，從而產生出濃厚的政治疏

離感。因之，政治認知的增高，可能與政治功效成正比，但也有可能成反比。

在本章中，從臺北市景美區 562 位兒童中，政治功效意識極高或極低者均佔少數，而以中間者佔大多數，惟有趨於次低的傾向（見表4-2）。如果我們將國小與國中兒童分開來觀察，並且為了做卡方檢定方便起見，將上述的五個等級，分成高、中、低三個等級。結果發現低年級兒童的政治功效意識要較高年級兒童特別偏低，年級之間的差異，在國小階段極為顯著 ($P<0.01$)，在國中階段，只顯著 ($P<0.05$) 而已。但就整個國小的兒童與整個國中的兒童來比較，則以後者的政治功效意識偏低，而且差異極為顯著（見表4-3）。

表 4-2 兒童年級與政治功效意識（五等級）

年級	政治功效意識											
	最高		次高		中等		次低		最低		合計	
	N	%	N	%	N	%	N	%	N	%	N	%
國小四年級	2	2.06	12	12.37	41	42.27	38	39.18	4	4.12	97	100
國小五年級	2	2.04	26	26.52	59	60.21	9	9.18	2	2.04	98	100
國小六年級	0	0	19	19.39	56	57.14	21	21.43	2	2.04	98	100
國中一年級	0	0	10	12.20	34	41.46	30	36.58	8	9.76	82	100
國中二年級	0	0	17	17.35	53	54.08	27	27.55	1	1.02	98	100
國中三年級	0	0	6	6.74	52	58.43	30	33.71	1	1.12	89	100
合計	4	0.72	90	16.01	295	52.94	155	27.58	18	3.20	562	100

表4-3　兒童年級與政治功效意識（三等級）

年級	政治功效意識							
	高		中		低		合計	
	N	%	N	%	N	%	N	%
國小四年級	14	14.43	41	42.27	42	43.30	97	100
國小五年級	28	28.57	59	60.20	11	11.22	98	100
國小六年級	19	19.39	56	57.14	23	23.47	98	100
合計	61	20.82	156	53.24	76	25.94	293	100
國中一年級	10	12.20	34	41.46	38	46.34	82	100
國中二年級	17	17.35	53	54.08	28	28.57	98	100
國中三年級	6	6.74	52	58.43	31	38.42	89	100
合計	33	12.27	295	52.94	97	36.06	562	100

註：(1)國小四、五、六年級　$\chi^2 = 27.72$　$df = 4$　$P < 0.01$
　　(2)國中一、二、三年級　$\chi^2 = 9.927$　$df = 9$　$P < 0.05$
　　(3)國小與國中整個比較　$\chi^2 = 12.35$　$df = 2$　$P < 0.01$

　　總之，就年級（年齡）這一變數而論，我國兒童的政治功效意識，似均有偏低的現象，而且年級（年齡）增高，似有更加偏低的傾向。

二、性　別

　　男女在性別角色上的差異，除了生理的原因外，也是社會化的結果。一般說來，男女在興趣及崇拜偶像上均有不同。例如男性比較注意體育活動與政治，而女性則比較關心時裝與美容產品；男性被認為強壯及說話粗魯，而女性則被認為容易情緒激動與愛哭 [10]。這種在性別上的差異，早在兒童時期即已覺察到了。可是性別上的差異，有無

[10]　見 Frederick Elkin, *The Child and Society: The Process of Society* (New York: Random House, 1960), p. 53.

影響兒童的政治功效意識呢？

我們在上章的研究中，發現兒童在政治知覺方面，男生稍高於女生，惟差異並不顯著。在本章的研究中，男生的政治功效意識，就整體來觀察，稍高於女生，差異亦不顯著。但無論是男生或女生，其政治功效意識，均有中間向右偏低的現象（見表 4-4）。

表 4-4　兒童性別與政治功效意識

年級		政治功效意識									
		最高		次高		中等		次低		最低	
		男	女	男	女	男	女	男	女	男	女
國小四年級	N	1	1	8	4	21	20	12	26	2	2
	%	2.27	1.89	18.18	7.55	47.73	37.73	27.27	49.06	4.55	3.77
國小五年級	N	0	2	13	13	29	30	6	3	0	2
	%	0	4	27.08	26.00	60.42	60.00	12.50	6.00	0	4
國小六年級	N	0	0	8	11	33	23	10	11	0	2
	%	0	0	15.69	23.40	64.70	48.74	19.61	23.40	0	4.26
國中一年級	N	0	0	7	3	21	13	13	17	3	5
	%	0	0	15.91	7.89	47.73	34.21	29.54	44.74	6.82	13.16
國中二年級	N	0	0	8	9	25	28	17	10	1	0
	%	0	0	15.69	19.15	49.02	59.57	33.33	21.38	1.96	0
國中三年級	N	0	0	4	2	25	27	21	9	0	1
	%	0	0	8	5.13	50	69.23	42.00	23.08	0	2.56
合計	N	1	3	48	42	154	141	79	76	6	12
	%	0.35	1.09	16.79	15.33	53.47	51.46	27.43	27.74	2.08	4.38
χ^2 分析				χ^2=3.749 df=5 P>0.05 n.s.		χ^2=3.389 df=5 P>0.05 n.s.		χ^2=13.264 df=5 P>0.05 n.s.			

三、籍　貫

在本章裏，為了方便起見，我們將兒童的籍貫分為本省（市）與外省兩大類來比較。兒童在籍貫上的差異，也是一般研究我國政治社會化的學者所常提出的問題。可是分析的結果，發現兩類兒童，甚至大學生，在同一社會化情境之下，差異並不顯著❶。在本章的研究中，本省（市）兒童與外省籍兒童相比較，前者的政治功效意識，要稍低於後者，但兩類兒童的政治功效意識，均有中間向下偏低的傾向。除國小四年級的兒童較為突出外，自五年級以上，有逐漸偏低的趨勢。惟用卡方檢驗的結果，各年級兩類兒童的政治功效意識，並無顯著的差異（見表 4-5）。

表 4-5　兒童籍貫與政治功效意識

年級		政治功效意識									
		最高		次高		中等		次低		最低	
		本	外	本	外	本	外	本	外	本	外
國小四年級	N	2	0	4	8	20	21	21	17	3	1
	%	4.00	0	8.00	17.02	40.00	44.68	42.00	36.17	6.00	2.13
國小五年級	N	1	1	8	18	30	29	6	3	2	0
	%	2.13	1.96	17.02	35.30	63.83	56.86	12.77	5.88	4.25	0
國小六年級	N	0	0	11	8	33	23	9	12	1	1
	%	0	0	20.37	18.18	61.11	52.27	16.67	27.27	1.85	2.28

❶　見 Richard W. Wilson,"A Comparasion of Political Attitude of Taiwanese Children & Mainlander Children on Taiwan," *Asia Survey*, vol. 8, No. 12 (Dec. 1968), pp. 988–1000; Shelton Appleton, "The Political Socialization of Taiwan's College Students," *Asia Survey*, vol. 10, No. 10 (Oct. 1970), pp. 910–920.

國中一年級	N	0	0	5	5	15	19	15	15	5	3
	%	0	0	12.50	11.90	37.50	45.24	37.50	35.72	12.50	7.14
國中二年級	N	0	0	9	8	31	22	14	13	1	0
	%	0	0	16.37	18.61	56.36	51.16	25.45	30.23	1.82	0
國中三年級	N	0	0	5	1	37	15	24	6	0	1
	%	0	0	7.58	4.25	56.06	65.22	36.36	26.08	0	4.35
合計	N	3	1	42	48	166	129	89	66	12	6
	%	0.96	0.40	13.46	19.20	53.20	51.60	28.53	26.40	3.85	2.40
χ^2 分析				$\chi^2=8.0141$ $df=5$ $P>0.05$ n.s.		$\chi^2=8.6287$ $df=5$ $P>0.05$ n.s.		$\chi^2=9.4827$ $df=5$ $P>0.05$ n.s.			

四、父（或母）的教育

父母教育程度的高低對於其子女的政治功效意識有無影響？這也是一個饒富趣味的問題。在這一研究裏，國小及國中的兒童，不問其父親或母親所受的教育如何，其政治功效意識以中等居大多數，但有向右偏低的現象。分析言之，在國小階段，其父母教育程度高（大專及高中）的兒童，較不大相信將來能夠影響政府，反而是出生於其父母只受初中及小學教育較為相信。惟他們之間的差異並不夠顯著（見表 4-6）。

表 4-6　國小兒童父（母）教育程度與其子女之政治功效意識

父（母）教育程度	政治功效意識							
	高		中		低		合計	
	N	%	N	%	N	%	N	%
大專	9	15.00	38	63.36	13	21.67	60	100

高中（職）	14	19.00	33	45.20	26	35.68	73	100
初中（職）	10	21.26	24	55.81	9	20.93	43	100
小學	18	26.09	36	52.17	15	21.74	69	100
識字	7	16.67	22	52.38	13	30.95	42	100
不識字	2	23.34	3	50.00	1	16.66	6	100
合計	60	20.48	156	53.24	77	26.28	293	100

註：$\chi^2=9.539$　　$df=10$　　$P>0.05$　　n.s.

在國中階段，父母教育程度對子女政治功效意識的影響，其偏低的情況，有從高教育程度家庭下移的傾向。也即是出身於父（母）有初中教育程度家庭者，其政治功效意識特別偏低，其餘分別為高中（職）、小學、識字及不識字的家庭。父母具有大專教育程度者的子女，倒是位居最末。惟做卡方檢驗的結果，六種不同家庭出身的子女，在政治功效意識方面，並不顯著（見表 4–7）。

表 4–7　國中兒童父（母）教育程度與其子女之政治功效意識

父（母）教育程度	政治功效意識							
	高		中		低		合計	
	N	%	N	%	N	%	N	%
大專	6	17.65	21	61.76	7	20.69	34	100
高中（職）	7	12.73	29	52.73	19	34.54	55	100
初中（職）	4	7.55	25	47.19	24	45.28	53	100
小學	9	10.72	43	51.19	32	38.09	84	100
識字	5	20.83	10	41.67	9	37.50	24	100
不識字	3	15.79	11	57.89	5	26.32	19	100
合計	34	12.61	139	51.67	96	35.67	269	100

註：$\chi^2=10.9$　　$df=10$　　$P>0.05$　　n.s.

　　就國小與國中兩個層次的兒童做整體的比較，除大專家庭出生者外，其餘各類家庭均以國中兒童的政治功效意識偏低。

五、家庭社會經濟地位

　　據西方特別是美國研究政治社會化的學者研究所得顯示，個人的社會經濟地位，對其政治態度與政治參與 (political participation) 有相當的影響。一般言之，上層階級者比較相信自己能夠影響政治，政治參與程度高；下層階級則正好相反，不大相信自己能夠影響政治，而參與程度亦相對的減低。尤有進者，下層階級者要較上層出身者在人格結構上更加趨於威權主義⑫。上層階級與下層階級在政治參與方面之所以有這樣的差異，原因甚多，不是一種理論可以說明的。惟其中最主要的原因有教育程度的差異、經濟上安全感的有無、空閒時間 (leisure time) 的多少、家庭教養方式的不同等，厥為最重要者。一般說來，上層階級的人士，所受教育較高，因之，有關政治的知識亦較高，而下層階級正好相反。其次，上層階級由於收入較高，所以在經濟上比較有安全感，而下層階級在這兩方面均付諸缺如。而在經濟上缺乏安全感的人，往往對自己缺乏自信心 (self-confidence)；而對自己缺乏自信心的人，自然對政治缺乏興趣，並從而缺乏能夠影響政治的信心。至於空閒時間亦為上層階級較下層階級為多，至少上層階級的婦女是如此。

　　在教養方式方面，也是以中上階層的家庭比較寬容平等。即使要懲罰他們的子女，其所採用的手段常為訴諸於兒童的羞惡之心，或孤

---

⑫　見 Seymour Martin Lipset, *Political Man* (New York: Doubleday & Co., 1963), pp. 92–116; Robert E. Lane, *Political Life* (New York: The Free Press, 1965), pp. 220–234.

立之，或以剝奪「愛」(love) 來威脅之，甚少採用體罰的方法。這些家庭的父母們比較能容忍其子女表示其情緒上的衝動與慾望，並且期望其子女在早年即對家庭負責，以及在學校要力爭上游。在這種教養方式下成長的兒童，自然會對政治參與以及政治功效產生積極的態度。相反地，下層或勞工階級的父母，常以要求服從為目標，其所採用的懲罰方法，通常不是體罰就是譏笑。所以在下層階級的家庭裏，父母與子女的關係經常存在著對立 (hostility)、侵略性 (aggressiveness)、緊張 (tension) 與嚴格 (severity) 的狀態❸。據勞勃蘭說：下層階級的兒童教養方式，很難能夠提供適當的人格基礎，以為自我主張的社會參與 (self-assertive social participation) 之用❹。

　　以上所述俱是屬於成年人方面的，但這些因素亦可能發生於兒童身上，尤其是經濟安全感與教養方式兩種因素為然。因之，我們相信家庭社會經濟地位的差異，可能影響兒童的政治功效意識。

　　在本章裏，我們根據兒童家長的職業、教育程度，與家庭主要設備三項指標構成了五個社會經濟階層，即：下下、下上、中下、中上、上等。

　　在國小階段，我們發現出身於上層家庭的兒童，其政治功效意識較高，而下層階級的兒童則有偏低的傾向，可是做卡方檢驗的結果，發現上、中、下三個階層的兒童在政治功效意識上並無顯著的差異 (見表 4–8)。

---

❸　Lane, loc. cit.

❹　Lane, Ibid., p. 234.

表 4-8 國小兒童家庭社經地位與政治功效意識

家庭社會經濟地位	政治功效意識							
	高		中		低		合計	
	N	%	N	%	N	%	N	%
上等	4	13.53	10	58.82	3	17.65	17	100
中上	17	17.71	54	56.25	25	26.04	96	100
中下	20	25.32	42	53.16	17	21.54	79	100
下上	17	18.89	47	52.22	26	28.89	90	100
下下	2	18.18	5	45.46	4	36.36	11	100
合計	60	20.48	158	53.92	75	25.60	293	100

註：χ^2=1.7267　　df=4　　P>0.05　　n.s.

可是到了國中階段，反而是上等家庭的子女政治功效意識偏低，中等家庭出身者次之，下等家庭出身者反而最次，惟其間的差異並不顯著（見表 4-9）。

就整體來觀察，無論是國中或國小兒童，雖然家庭社經地位不同，均有由中向右偏低的傾向，且前者要較後者更為偏低些。

從以上的分析結果來看，在本章所討論的五個主變數 (independent variables) 之中，似只有「年級」（年齡）一個變數對兒童的政治功效意識有極顯著的影響，其他俱無。所以我們可以肯定地說，在前面所提出的第一個假設，除了年級（年齡）這一變數外，均可以成立。第二個假設，可以完全成立。這表示我國政治社會化所要求達成的目標，例如統一於一種意理 (ideology) 之下，排除地域意識的干擾等，已獲得了頗為可觀的效果。但矛盾的是，兒童的政治功效意識並未隨年級（年齡）的增高而增高，反而有逐漸偏低的現象。這是什麼緣故呢？我們在下節將從另一途徑來探討這一問題。

表 4-9　國中兒童家庭社經地位與政治功效意識

家庭社會經濟地位	政治功效意識							
	高		中		低		合計	
	N	%	N	%	N	%	N	%
上等	0	0.00	4	44.44	5	55.59	9	100
中上	12	20.34	25	42.37	22	37.29	59	100
中下	9	10.23	47	53.41	27	30.68	88	100
下上	9	9.89	48	52.75	34	37.36	91	100
下下	3	13.64	15	68.18	4	18.18	22	100
合計	33	12.27	139	51.67	97	36.06	269	100

註：χ^2=3.6561　　df=4　　P>0.05　　n.s.

第四節　家庭權威模式、教養方式與兒童政治功效意識及人格結構的關係

在家庭裏，誰掌握最終的決定權，可能與對兒童的管教方式有密切關係；而管教方式的寬嚴，又可能與兒童的人格結構及其政治功效意識有著關聯。本節即從這一角度去探討何以國中與國小的兒童，其政治功效意識有偏低的現象。

我國傳統社會裏的家庭制度，乃是以大家庭為主；在大家庭裏，握著家庭最終決定權的乃是老祖父和老祖母，其次才是父親和母親。可是自民國以還，由於連年的戰亂以及社會的急速變遷，幾世同堂的大家庭制度已逐漸沒落了。到現在為止，在臺灣，傳統的大家庭制度已很稀少了。就以本節的研究為例，無論在國小或國中階段，大家庭的樣本均屬最少，都未超出百分之九；而以小家庭為最多，佔總數百分之七十以上；主幹家庭次之（見表 4-10）。

表 4-10　國中及國小兒童家庭結構樣本數

家庭結構	國中		國小	
	N	%	N	%
大家庭	24	8.91	17	5.76
主幹家庭	47	17.47	53	18.09
小家庭	181	67.28	212	72.35
不完全小家庭 *	17	6.34	11	3.80
合計	269	100	293	100

註：不完全小家庭係指只有父親或只有母親的小家庭。由於樣本過少，以下將不予統計及分析。

這種變遷在家庭中決定權移轉的現象上，表現得最為清楚。在本研究的樣本中，小家庭固然不必說，即在其他二種家庭中，決定權大部分均握在父母這一代的手中，老祖父或老祖母俱已退處不管事的地位了；即使仍握有一部分決定權，也需與其子媳共同行使才行。觀乎下表（見表 4-11）即可了然。

表 4-11　家中大小事情大都由誰決定呢？

家庭結構	父親作主		母親作主		父母共同作主		祖父作主		祖母作主		祖父母共同作主		祖父母與父母共同作主		合計	
	N	%	N	%	N	%	N	%	N	%	N	%	N	%	N	%
大家庭	1	5.88	2	11.76	11	64.72	0	0	0	0	1	5.88	2	11.76	17	100
主幹家庭	6	11.32	3	5.76	30	56.60	0	0	2	3.77	3	5.66	9	17.03	53	100
小家庭	31	14.62	7	3.30	174	82.08	–	–	–	–	–	–	–	–	212	100
大家庭	3	12.50	3	12.50	11	45.83	1	4.16	1	4.16	1	4.16	4	16.68	24	100
主幹家庭	9	19.14	9	19.14	21	44.68	0	0	0	0	1	2.21	7	14.89	47	100
小家庭	45	24.86	24	13.26	112	61.88	–	–	–	–	–	–	–	–	181	100

再就小家庭而論，家中大小事情的決定權，大都是掌握在父母共

同的手中，其次才是父親，最後方是母親。這表示在我國現階段的家庭中，男女或夫婦已逐漸處於平等的地位了，很少有一方使另一方處於被統治或順服的狀態。但「男人是一家之主」的觀念仍然殘存著，這可能就是在上表中父親作主的百分率高於母親的主要原因之一。

　　各種家庭中的決定權或決策權既然握在父母這一輩的手中，對於子女的施教權是否也呈同一現象呢？就國小階段而言，在小家庭中，施教權是握在父母共同的手中，而在大家庭與主幹家庭中，祖父母與父母仍享有共同的施教權，這種情形在大家庭中要高於主幹家庭。可是到國中階段，在小家庭中，教養子女的權力，似乎是大部分操在母親手中 (43.65%)，其次才是父親 (30.39%)，父母共同掌握者百分數最低 (25.96%)。至於大家庭及主幹家庭，子女的施教權大部分仍然掌握在父母這一代的手中。不過在主幹家庭中，祖父母由於與其「孫兒」這一輩的關係較為密切，所以與其子媳共有的施教權要較在大家庭中的為高（見表 4–12）。

表 4–12　「你在家中，誰的話非聽不可?」

家庭結構		父親		母親		父和母		祖父		祖母		祖父母		祖父母與父母		合計	
		N	%	N	%	N	%	N	%	N	%	N	%	N	%	N	%
國小	大家庭	0	0	1	5.88	5	29.41	1	5.88	0	0	0	0	10	58.82	17	10
	主幹家庭	3	5.66	4	7.43	11	20.75	0	0	4	7.43	0	0	31	58.49	53	10
	小家庭 *	31	14.62	7	3.30	174	82.08	–		–		–		–		212	10
國中	大家庭	4	16.68	1	4.16	12	50.00	0	0	3	12.50	0	0	4	16.68	24	10
	主幹家庭	12	25.32	6	12.76	17	36.17	0	0	2	4.25	0	0	10	21.27	47	10
	小家庭	55	30.39	79	43.65	47	25.96	–		–		–		–		181	10

註：χ^2=137.40　　df=2　　P<0.001
　　* 上述兩種小家庭的施教權有極顯著的差異。

到國中階段，小家庭中的管教子女權之所以移轉到母親手中，可能有三種原因：第一，可能由於父親每日外出工作的緣故，與子女接觸的機會較少，因之，在家庭裏教養子女的責任，常常落在做母親的身上。兒童年齡愈長，愈感到母親一天到晚管這管那，所以有時會感到母親的話非聽不可。其次，可能由於傳統的緣故。在我國的傳統裏，一直崇奉著母教的偉大，例如孟母三遷、岳母刺字等故事，至今仍在民間廣泛地流傳著。由於這種典範的存在，所以做母親的，對於子女的管教，自然視為天職，從而管教子女的頻次 (frequency) 要較父親為多，這樣一來，在子女心目中，母親的權威自然要較父親大些。第三，與上述傳統有連帶關係的，是為中國傳統的父親，在家裏雖然威嚴，但卻甚少管事，對子女的教養也是如此。因之，在我國傳統的家庭裏，子女雖然畏懼父親，可是他們知道真正掌握家庭管教權的，不是父親而是母親。這種情形，不一定完全存在於現在的小家庭中，但這些意象 (image) 可能仍然殘留一些在人們，特別是做父親的腦中。

由於以上三種可能的原因，再加上國中兒童知覺的程度要較國小兒童為高，所以才會在這方面有極顯著的差異 ($P<0.001$) 存在（參見表4–12）。

現在我們再進一步分析，在各種家庭中，父親的教養方式與母親的教養方式，其寬嚴的程度有無差異？然後再分析教養方式與兒童的人格結構，以及人格結構與其政治功效意識有無關聯？

在國小階段，各種家庭裏的父親或母親，對於子女的教養方式，俱趨向於寬容。就父親與母親來比較，似乎父親要較寬容些（參見表4–13）。而三種家庭中的父親教養方式，並無顯著的差異，母親的教養方式則有。母親的教養方式以主幹家庭中的最為寬容，小家庭中的次之，大家庭中的又次之。

表 4–13　國小兒童父母教養方式

家庭結構	1.父親教養方式											
	最嚴		次嚴		中等		次寬		最寬		合計	
	N	%	N	%	N	%	N	%	N	%	N	%
小家庭	4	1.88	8	3.96	35	13.51	137	64.62	28	13.20	212	100
主幹家庭	0	0	3	5.66	12	22.64	30	56.60	8	15.09	53	100
大家庭	1	5.88	1	5.88	1	5.88	13	76.47	1	5.88	17	100
$\chi^2=10.972$　$df=8$　$P>0.05$　n.s.												
家庭結構	2.母親教養方式											
	最嚴		次嚴		中等		次寬		最寬		合計	
	N	%	N	%	N	%	N	%	N	%	N	%
小家庭	0	0	7	3.30	39	18.44	128	60.37	38	17.92	212	100
主幹家庭	0	0	0	0	12	22.64	37	70.00	4	7.34	53	100
大家庭	0	0	0	0	7	41.18	10	58.82	0	0	17	100
$\chi^2=15.862$　$df=8$　$P<0.05$												

註：(1)小家庭中父母教養方式有無顯著差異：$\chi^2=6.040$　$df=4$　$P>0.05$ n.s.

(2)主幹家庭中父母教養方式有無顯著差異：$\chi^2=4.40$　$df=4$　$P>0.05$ n.s.

(3)大家庭中父母教養方式有無顯著差異：$\chi^2=12.162$　$df=4$　$P<0.05$

　　再就父母教養方式來比較，在小家庭與主幹家庭中，二者並無顯著的差異，而在大家庭中則有顯著的差異。換言之，在大家庭裏，父親要較母親遠為寬容。其所以有這種情形，可能由於大家庭中照顧兒童的人手眾多，做父親的有更多的閒暇時間從事自己的事業或嗜好。在此種情形下，與自己子女接觸的機會自然減少。接觸的機會少，則對於子女的管束自然不會嚴到哪裏去。反之，大家庭的媳婦也即是兒童的母親，最為難做，她上有翁姑，旁有伯叔姑嫂，下有子姪，為了

家庭中的和氣，她不得不對自己的子女嚴加管束，以免橫生事端。這在傳統的大家庭中是如此，在現代社會中仍保留這種家庭制度者，恐亦如此。不過這種推測，仍有待進一步的驗證。

這種在教養方式上寬嚴的差異，是否影響兒童的人格結構以及政治功效意識呢? 關於這個問題的答案，我們分兩個步驟去尋找。第一，我們先用 D–10 量表去測量兒童的人格結構是否有獨斷 (dogmatic) 或權威主義的傾向。測量的結果，發現國小四至六年級的兒童，其信仰系統大都介於「開放」與「封閉」的中間，且有顯著的差異。其中以大家庭出身的兒童較為心智開放些，以主幹家庭出身的兒童，較為心智封閉些（見表 4–14）。然後我們又根據政治功效意識量表去測驗他們政治功效意識高低的程度，發現大家庭中出身的兒童要較其他兩種家庭中的兒童有明顯偏低的現象（見表 4–15），而且三者之間有極顯著的差異存在。這是否與大家庭中母教稍嚴有關呢? 所以第二，我們用 Pearson r 法計算它們之間相關 (correlation) 的結果，發現父母教養方式的寬嚴程度與兒童人格結構、政治功效意識，以及人格結構與政治功效意識之間，並無顯著的相關存在（見表 4–18）**⑮**。因之，我們不能說，何者影響了何者。但在這一階段，大家庭中父母教養方式有顯著的差異，以及出身於大家庭的兒童，其政治功效意識特別偏低，

---

⑮　為瞭解兩個變數 X, Y 之間的關聯程度，統計學家利用共變數定義母體相關係數為:

$\rho = \text{Cov}(X, Y)/\sigma(X)\sigma(Y)$

ρ 的優良估計為 r，r 稱為樣本的相關係數或 Pearson 積差相關係數，公式為:

$r = S(X, Y)/\hat{S}(X)\hat{S}(Y)$，常見公式為 $r = \Sigma(x, y)/(\Sigma x^2 \Sigma y^2)^{1/2}$

請參閱顏月珠，《統計學》，臺北: 三民書局，民國八十年，頁 341–342。

乃是一存在的事實。之所以如此，可能另有原因存在著，尚須我們繼續去發掘。

表 4-14　國小兒童出身家庭與人格結構

出身家庭	dogmatism											
	最開放		次開放		中等		次封閉		最封閉		合計	
	N	%	N	%	N	%	N	%	N	%	N	%
小家庭	0	0	17	8.01	173	81.60	22	10.37	0	0	212	100
主幹家庭	0	0	4	7.43	43	81.13	6	11.32	0	0	53	100
大家庭	0	0	3	17.64	13	76.47	0	0	1	5.88	17	100

註：$\chi^2=17.879$　$df=8$　$P<0.05$

表 4-15　國小兒童出身家庭與政治功效意識

出身家庭	政治功效意識											
	最高		次高		中等		次低		最低		合計	
	N	%	N	%	N	%	N	%	N	%	N	%
小家庭	7	3.30	41	19.38	116	54.71	40	18.56	8	0.396	212	100
主幹家庭	0	0	28	52.83	13	24.52	11	20.75	1	1.88	53	100
大家庭	2	11.76	2	11.76	7	41.18	5	29.41	1	5.88	17	100

註：$\chi^2=37.686$　$df=8$　$P<0.01$

表 4-16　國小兒童各項變數之間的相關

家庭結構	父教與兒童人格	母教與兒童人格	父教與兒童政治功效意識	母教與兒童政治功效意識	兒童人格與政治功效意識
小家庭 N=212	r=0.093 P>0.05 無	r=0.0908 P>0.05 無	r=0.0524 P>0.05 無	r=0.0625 P>0.05 無	r=0.1135 P>0.05 無

主幹家庭 N=53	r=0.2420 P>0.05 無	r=0.0390 P>0.05 無	r=0.2135 P>0.05 無	r=0.02056 P>0.05 無	r=0.26313 P>0.05 無
大家庭 N=17	r=0.196 P>0.05 無	r=0.2719 P>0.05 無	r=-0.1069 P>0.05 無	r=-0.1583 P>0.05 無	r=0.3393 P>0.05 無

表 4-17　　國中兒童父母教養方式

家庭結構	1.父親教養方式											
	最嚴		次嚴		中等		次寬		最寬		合計	
	N	%	N	%	N	%	N	%	N	%	N	%
小家庭	5	2.76	8	4.42	45	24.86	100	55.25	23	13.81	181	100
主幹家庭	1	2.21	3	6.38	12	15.32	26	55.31	5	17.64	47	100
大家庭	0	0	1	4.16	9	37.50	11	45.83	3	12.50	24	100

$$\chi^2=2.9376 \quad df=8 \quad P>0.05 \quad \text{n.s.}$$

家庭結構	2.母親教養方式											
	最嚴		次嚴		中等		次寬		最寬		合計	
	N	%	N	%	N	%	N	%	N	%	N	%
小家庭	0	0	10	5.52	58	32.05	88	48.62	25	13.81	181	100
主幹家庭	0	0	3	6.38	9	19.15	32	68.09	3	6.38	47	100
大家庭	0	0	1	4.17	7	29.16	13	54.17	3	12.50	24	100

$$\chi^2=44.711 \quad df=8 \quad P<0.01$$

註：(1)小家庭中父母教養方式有無顯著差異：$\chi^2=7.70$　　$df=4$　　$P<0.05$
　　(2)主幹家庭中父母教養方式有無顯著差異：$\chi^2=2.548$　　$df=4$
　　　　$P>0.05$　　n.s.
　　(3)大家庭中父母教養方式有無顯著差異：$\chi^2=0.416$　　$df=4$　　$P>0.05$
　　　　n.s.

表 4-18　　國中兒童出身家庭與人格結構

出身家庭	dogmatism											
	最開放		次開放		中等		次封閉		最封閉		合計	
	N	%	N	%	N	%	N	%	N	%	N	%
小家庭	0	0	2	1.11	127	70.17	50	27.62	2	1.11	181	100
主幹家庭	0	0	3	6.38	30	63.82	14	33.40	0	0	47	100
大家庭	0	0	0	0	16	66.66	8	29.78	0	0	24	100

註：χ^2=6.475　　df=8　　P>0.05　　n.s.

　　再就國中這一階段來分析，各種家庭的父母教養子女的方式，也都是趨向於寬容。而在三種家庭中，父親教養方式，大致相同，並無顯著的差異；但母親的教養方式，則有極顯著的差異，以小家庭中的母親，對子女的寬容程度稍微差些。就各種家庭中父親與母親的教養方式來作一比較，也是以小家庭中父親的教養方式比較寬容，母親則稍微嚴厲些，且二者有顯著的差異（見表 4-17）。

　　現在我們要問：父母教養方式有無影響兒童的人格結構或信仰系統及政治功效意識？先就人格結構來說，我們用 D-10 量表測量的結果，發現三種家庭出身的國中兒童均有獨斷主義 (dogmatism) 的傾向，而且大致相似，無顯著的差異（見表 4-18）。

　　再就國中兒童的政治功效意識來說，無論是哪一家庭出身者，均有由中間向右偏低的傾向，其中偏低得最厲害的，為主幹家庭中出身的兒童，其次為大家庭中出身的兒童，最後才是小家庭中出身的兒童（見表 4-19）。由此可見小家庭中父母教養方式寬嚴的差異，並不一定影響兒童的人格結構或其信仰系統與政治功效意識。這一論斷，在我們用 Pearson r 法計算它們之間的相關後所得到的結果，也可獲得進一步的證明（見表 4-20）。

表4-19　國中兒童出身家庭與政治功效意識

出身家庭	政治功效意識											
	最高		次高		中等		次低		最低		合計	
	N	%	N	%	N	%	N	%	N	%	N	%
小家庭	0	0	23	12.71	92	50.86	62	34.25	2	2.23	181	100
主幹家庭	0	0	7	14.89	11	23.42	27	57.44	2	4.25	47	100
大家庭	0	0	0	0	10	41.66	10	41.66	4	16.68	24	100

註：$\chi^2=17.32$　$df=8$　$P<0.05$

表4-20　國中兒童各項變數之間的相關

家庭結構	父教與兒童人格	母教與兒童人格	父教與兒童政治功效意識	母教與兒童政治功效意識	兒童人格與政治功效意識
小家庭 N=181	r=0.0559 P>0.05 無	r=−0.0203 P>0.05 無	r=−0.0359 P>0.05 無	r=−0.05389 P>0.05 無	r=0.1193 P>0.05 無
主幹家庭 N=47	r=0.2305 P>0.05 無	r=0.30037 P<0.05 有	r=0.10999 P>0.05 無	r=0.1248 P>0.05 無	r=0.1250 P>0.05 無
大家庭 N=24	r=0.143 P>0.05 無	r=−0.1338 P>0.05 無	r=0.4044 P<0.05 有	r=0.0271 P>0.05 無	r=0.5156 P<0.05 有

　　可是大家庭中的父親教養方式則與兒童的政治功效意識有顯著的相關，且其政治功效意識與信仰系統或人格結構亦有非常顯著的相關。就這一點而言，我們觀察上述三表（見表4-17、4-18、4-19）的結果，發現在三種家庭中，以大家庭中的父親，教養方式寬容度最低 (45.83%)，人格結構或信仰系統封閉的程度最高 (33.40%)；而其政治功效意識偏低的情形則為介於主幹家庭與小家庭的中間，但以最低點來看，則位居第一。由此可見，這三者之間有相關不是沒有理由的。惟其中唯一無法解釋的，就是何以主幹家庭中的母親教養方式與兒童人格結

構有顯著的相關，因為主幹家庭的母親照表 4–17 所顯示者來看，似乎最為寬容。其次，照表 4–20 及 4–21 所顯示者來看，我們仍然找不出何以國中兒童的人格結構或信仰系統有偏於封閉的傾向（見表 4–21）。但這一事實，最值得我們注意。

表 4–21　國中及國小兒童之 dogmatism 傾向

年級	最開放		次開放		中等		次封閉		最封閉		合計	
	N	%	N	%	N	%	N	%	N	%	N	%
國小四年級	0	0	9	9.28	76	78.35	12	12.37	0	0	97	100
國小五年級	0	0	6	6.12	85	86.74	7	7.14	0	0	98	100
國小六年級	0	0	10	10.21	76	77.55	11	11.22	1	1.02	98	100
國中一年級	0	0	0	0	62	75.61	19	23.17	1	1.22	82	100
國中二年級	0	0	3	3.06	66	67.35	28	28.57	1	1.02	98	100
國中三年級	0	0	5	5.62	55	61.80	29	32.58	0	0	89	100

總之，從以上的分析，我們可以說，在三種家庭裏，決定權 (decision-making power) 與管教子女權大體均是一致的，即均直接由父母掌握著。而教養方式的寬嚴與兒童的人格結構及政治功效意識的高低，只在國中階段的大家庭裏面有相關存在。所以我們在前面所提的第三個假設只能部分成立。

第五節　結論與討論

根據以上的分析，我們可以得到以下幾個結論：

第一、兒童的政治功效意識，似乎隨著年級的增高而有偏低的現象。國中與國小兒童，其偏低差異的程度至為顯著。

第二、兒童的性別、籍貫、父母的教育程度、家庭社會經濟地位

等四個變數，俱非影響他們政治功效意識的絕對因素。這同時又再度證明了我們在前章研究裏所得到的結論。

第三、就家庭結構方面而言，在大家庭與主幹家庭裏，決定權對於兒童的管教權似均移轉到當中這一代（子與媳）手中，祖父母輩似乎已退出了家庭的政治舞臺了。在小家庭裏，決定權均傾向於夫婦共同掌握，而施教權則有移轉於母親手中之傾向。

第四、就三種家庭中的父母教養方式而言，大致均相當寬容，無論在哪一階段（國小或國中）或哪一種家庭，父親的教養方式並無顯著的不同。相反地，在三種不同的家庭裏，母親的教養方式則有顯著的不同。似乎是小家庭中的母親，對子女的管教要稍微嚴格些。

第五、就兒童的人格結構或信仰系統而言，均有封閉的傾向，愈到國中似愈厲害。

第六、在政治功效意識方面，三種家庭出身的兒童，無論在國小階段及國中階段，均有偏低的傾向，愈到國中似愈偏低。

第七、至於在三種家庭結構中，父母教養方式的寬嚴，和兒童的人格結構的開放與封閉，及政治功效意識的高低之間，我們發現在國小階段，相關 (correlation) 並不顯著；但在國中階段的大家庭裏，父親教養方式與兒童政治功效意識，以及兒童政治功效意識與其人格結構之間，則有相關存在。因之，我們只可以這樣地說，在某種家庭結構裏，父親或母親的教養方式如果趨向於嚴厲，則可能促使兒童的政治功效意識偏低，而其政治功效意識的偏低又可能與其封閉的人格結構或信仰系統有顯著的相關存在。

由以上的結論，我們不難發現真正決定兒童政治功效意識高低者，只有一個變數──「年級」（年齡）──而已，其餘只在某種條件下才有影響，例如教養方式即是。現在我們要問：兒童的政治功效意識，

何以隨年級（年齡）的增高而愈形偏低？其次，為什麼兒童的人格結構或信仰系統有獨斷主義的傾向？這對我國政治社會化長遠的目標，有何意義可言？

要解答上面所提的第一個問題，似乎要從兩方面著手：

第一、我們要認識到兒童的政治功效意識之所以偏低，仍然是一個學習上的問題，非兒童與生俱來者。他們在家庭或學校裏，經過明示或暗示的途徑，知覺到個人在整個政治歷程中的地位如何；其中尤以暗示的途徑可能對他們的影響最具效力。所以家庭對於政治的感覺如何，以及學校在社會化歷程中明示與暗示的社會化功能如何，可能是我們解答這一問題的關鍵所在。以筆者個人的觀察，我國一般家庭非政治的 (apolitical) 情況可能很普遍與深刻，這對兒童的政治功效意識必然有相當大的影響。其次，現行學校特別是初級學校的教學方式，與某些教師的性格，也可能影響到兒童的政治功效意識。現在一般學校裏，教師的教學方式，大都是灌輸式，不允許兒童自由發問，而且對於兒童的態度，甚多是權威式的。在這種學習環境之下，儘管在公民教科書中有鼓勵政治參與的字句存在，其效果之微弱，不言可喻。所以這兩個方面，乃為我們將來必得要加以探討的地方。

第二、在本研究裏，關於家庭教養方式，我們只使用了四道題目。這四道題目的重點，放在兒童在家庭中「自主權的大小」、「參與權的有無」、「懲罰方式的寬嚴」以及「對兒童提出問題回答的態度」這四個方面。由這四道題目，當然不易測出教養方式的全部內容，例如父母對於子女的保護是否過於周到即未包括在內。就以上四項而言，我國現在家庭中的父母對於子女的管教似傾向於寬容。但我們仍然懷疑，是否未包括在上述四項因素中的某些其他教養方式因素，例如像保護過於周到等，會影響兒童的政治功效意識。平饒 (Frank A. Pinner) 氏在

1963 年研究法、比、荷三國一些高中及大專學生時，即發現父母的過度保護與子女對政治的不信任有密切的關係。但在我國是否如此，仍有待驗證。

關於第二個問題，即兒童的人格結構或信仰系統有封閉或獨斷主義的傾向，在目前不易找到滿意的答案或解釋。這自然仍是社會化過程中所產生的問題。惟究竟是何種社會化媒介 (agent) 的何種功能所致，仍有待我們繼續去探尋。筆者仍認為這可能與家庭教養方式中某一部分有關，只是本研究所設計的量表未能包括罷了。還有學校中的教學方式與獎懲方法，亦可能有以致之。如果我們繼續去研究，當不難發現其間有密切的關係存在。

以上這兩種情形，對於我國目前所追求的國家目標例如民主等而言，影響至大。民國的建立，其目的就是在使過去專制的少數人的統治，變成民主的多數人統治。而民主的多數人的統治能夠成功，必須要作為「多數人」的民眾，有積極參與政治的意識才行。而一般民眾之有積極的參與意識，主要是靠他們相信自己有影響政治歷程的能力，能夠接受他人的意見而不固執己見。如果沒有這二種感覺或意識，即無真正積極參與之可言。沒有一般人民的積極參與，這種所謂多數的統治，只不過是一形式、甚至是一口號而已。

現在許多新興國家，在接受了西方特別是英美等國傳來的參與政治文化理念，納入憲法中之後，無不設法消除一般人民傳統的、消極的臣民意識，而灌輸以積極的參與理念。其方法大致是採用新式教育體制這一工具。而學校教育，據紐克姆 (Theodore M. Newcomb) 的研究，的確可以改變人們早先的保守態度，而變得開明❶。所以，如何

---

❶　見 Theodore M. Newcomb, *Personality and Social Change* (New York: Oryder, 1943).

　　善用學校教育這一工具，以培養人民積極參與的公民意識，乃是當政者最應重視的課題。

第五章　我國家庭的政治化與兒童的政治功效意識及人格結構

第一節　概　說

在個人一生整個社會化歷程中，他（她）首先遭遇到一個最重要的社會化機構乃為家庭，這是許多研究政治社會化的學者所共同承認的❶。家庭不僅影響到一個人後來的行為模式和對人對事的態度，而且更會影響到個人人格結構的形成。因之，研究家庭在整個社會化所扮演的角色，多少可瞭解，甚至可預測個人在成年後的行為。

我們在本書第四章的研究分析中，發現我國兒童從國小四年級到國中三年級為止，年級愈高，政治功效意識有愈低的傾向。但我們又發現，家庭中的權威決策模式和教養方式如何，與這種偏低傾向之間，並無顯著的關係。於是我們懷疑我國家庭對於政治的一般態度，可能為我國臺灣地區兒童上述政治功效意識偏低的一個重要因素。因為就我們平日的觀察，我國目前有不少家庭，對於政治的態度、關心程度比較不高。即使有些家庭，對政治較為關心，但往往抱著一種嘲諷的

---

❶　例如 Fred I. Greenstein, David Easton, 與 Robert D. Hess 等人皆是。

態度。在這種環境中成長的兒童，可能直接或間接、明示或暗示地影響到他們對於政治的態度。基於這一概略性的觀察，我們假定我國家庭政治化 (politicization) 的程度，與兒童政治功效意識高低之間，存在著某種相關的關係。同時，我們繼續用這樣的方式去測量我國兒童的人格結構或思維方式，是否有趨於封閉的傾向，這是我們特別關注的地方。因為我們認為學者第蘭初 (Gordon J. Direnzo) 的看法，在這方面頗具啟發性。他說：「很少有疑問地，人格部分是由於受社會和文化的影響而成，而基本上仍是社會化的產物。……更為特殊地，人格在許多方面，可視之為社會大宇宙中的小宇宙。」❷他的意思是指，一個國家的政治系統 (political system)，通常反映了該國的社會文化，而且是與其他社會制度息息相關的。在一個社會內有許多制度，如教會、家庭等具有權威性的結構，政治系統不可能不反映其特質。而經由各種社會化媒介 (agent) 所孕育而成的個人人格，不可能不具有權威的性格 (authoritarian personality)。

以下將就本章最基本的概念與假設加以詳細地說明。

第二節　基本概念與假設

家庭為社會化過程中個人最早接觸到的機構，其影響的深刻，可能是一輩子的事。而家庭的組織或結構如何，乃構成了個人成長環境最主要的部分。家庭結構通常可分為小家庭、主幹家庭、大家庭三類，我們在上章（第四章）已有詳細的說明，此處即不再贅述了。

其次，關於政治功效意識的意義，我們也在前章已有詳細地介紹，

---

❷　Gordon J. Direnzo, *Personality, Power and Politics* (Norte Dame, Ind.: University of Norte Dame Press, 1967), p. 82.

故在本章中也予以省略。此處要特別加以說明的，乃是家庭政治化這一概念的意義。

所謂家庭政治化，在本章中係指家庭裏父母對於政治感到興趣，並經常討論政治問題及參與政治活動之意❸。因之，測量這一概念中所包含的每個項目 (item) 的題目，其答案俱是按照順序尺度設計的。在本章中，測量家庭政治化的量表，是修改蘭登氏所使用過的，計有四道題目❹。這四道題目如下：

1.你想想看，你的父母平時在家裏是否經常相互討論報紙上所登載的國內或國外重大新聞？

2.你想想看，你的父母平時在家裏收看電視或收聽收音機時，是否經常收看或收聽新聞報告節目？

3.你想想看，在家裏吃飯或談天的時候，你的父母是否經常討論國內或國外所發生的重大事件？

4.你想想看，遇有里民大會時，你的父親或母親，過去是否經常都出席？

以上第二道題目係測量家庭對於政治的興趣暴露於大眾傳播媒體的情形。因為我們認為，凡是對政治問題有興趣的人，一定對於大眾傳播媒體所傳來的政治訊息感到興趣並加以關心。第一道與第三道題目，則係測量家庭中父母討論政治問題的情形。討論的來源，一為報紙所傳來的政治問題，另一為報紙以外媒體所傳來的政治問題。第四道題目，則為測量政治參與的情形。此處以參與里民大會為主，其他的政治參與如參加政黨活動等概不列入，以免引起調查時的困難。而

---

❸　見 Kenneth P. Langton, *Political Socialization* (New York: Oxford University Press, 1969), p. 144.

❹　Langton 氏的題目，參見他所著前揭書 p. 144。

且里民大會乃是反映民意最基層的組織，在一個民主社會中，民眾照理應踴躍參加才對。如果不常參加，除了技術上的原因，如交通不便，或臨時有事等外，那就要歸諸於對政治是否有興趣這一原因了。一個對政治缺乏興趣的人，他極可能很少與別人討論政治，更不用說是參與政治了。其量表如下圖（圖 5-1）所示。

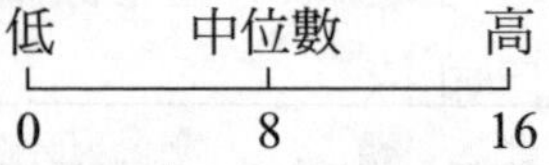

　　低　　　　中位數　　　高

　　0　　　　　8　　　　16

圖 5-1　家庭政治化量表

　　最後，在本章中，我們測量兒童的人格特質，是指用心理學家陸凱許 (Milton Rokeach) 所設計出來的獨斷主義 (dogmatism) 量表上所顯示出來的人格特質。陸氏量表有四十道題目，不但可測量右派權威人格，而且亦可測量左派權威人格。但由於題數過多，有時不適於與其他量表合併使用，所以社會心理學家第蘭初將其修改成十道題目（簡稱為 D-10 量表），其效度與陸氏量表不相上下。本章在研究時與上章一樣，皆採第氏量表。其內容在上章第二節中已有詳細說明，此處不再贅述了。

　　根據以上的概念，我們提出了以下四個假設作為分析的重點：

　　第一、在政治化較高的家庭，其子女政治功效意識亦可能較高。

　　第二、居住地區不同、家庭政治化的程度也可能不同。也即是居住大都市（如臺北市）內者，要較居住在鄉村或小鎮者，政治化程度為高。

　　第三、不同籍貫的家庭，可能政治化的程度也不相同。即外省籍的家庭，其政治化的程度，可能要高於本省市的家庭。他們所教養出來的子女，在政治功效意識方面，也可能有同樣的情形。

第四、父母所從事的職業、家庭社經地位、以及父母教育程度這三個變數，也可能影響家庭政治化程度與其子女的政治功效意識。也即是父母的教育程度高，所從事的職業社會評價高，其家庭政治化程度與其子女的政治功效意識也會較高。

本章的研究樣本數計 1077 份，分別來自於臺北市大安區的兩所國中及國小（仁愛國中及仁愛國小），和臺北縣鶯歌鎮的兩所國中及國小（鶯歌國中及鶯歌國小）（參見表 5-1）。抽測時間為民國六十二年 (1973年) 三月。

表 5-1　有效樣本之分配次數及百分比

年級	人數	百分比 (%)
國小四年級	138	12.81
國小五年級	157	14.58
國小六年級	148	13.74
國中一年級	217	20.15
國中二年級	211	19.59
國中三年級	206	19.13
合計	1077	100.00

其中男生與女生的人數大致相等（男生 529 人，佔 49.12%；女生548 人，佔 50.88%）。如以居住地來分，居住臺北市者有 490 人，佔45.50%，居住臺北縣者有 587 人，佔 54.50%。籍貫為本省市者有 716人，佔 66.48%，籍貫為外省者有 361 人，佔 33.52%。

第三節　兒童年級（年齡）、性別、籍貫、居住地區等因素對其政治功效意識及人格結構的影響

在本節裏，我們將先排除家庭政治化這一因素，專門分析兒童年級（年齡）、性別、籍貫、居住地區、父（母）教育程度等因素，對於他們的政治功效意識及人格結構有無顯著的影響。然後再以下節分析的結果作一對照，即可以看出家庭政治化程度與政治功效意識間，有無關係存在。

一、年級（年齡）

在本書第三章的研究裏，我們發現我國兒童的政治認知，是隨著年齡與年級的升高而升高的。緊接著第四章的研究，我們又發現我國兒童的政治功效意識，有隨年級的升高成反比例下降的現象。在本章的研究裏，我們仍然將過去使用的題目，稍稍加以修改❺，來測驗臺北市與臺北縣所選出的四校兒童。然後使用簡單變異量分析法（the analysis of variance，也即是 F test）❻來處理所得的資料，結果發現兒

---

❺　只將原來的第四道題改為：「大人們常說：『國家大事太複雜了，不是小孩子所能真正瞭解的。』」原來的題目為：「國家大事有時太複雜了，不是像我這樣的人所能真正瞭解的。」

❻　兩常態母體變異數 σ_1^2, σ_2^2 的檢定，必須透過 F 分配，即使用 F 統計量的實用公式：
$$F = \sigma_2^2 \hat{S}_1^2 / \sigma_1^2 \hat{S}_2^2 \xrightarrow{\sigma_1^2 = \sigma_2^2} \hat{S}_1^2 / \hat{S}_2^2$$

童們的政治功效意識有隨年級的升高而稍有升高的趨勢，並且其間的差異極為顯著 (P<0.01)（見表 5-2）。可是雖然升高，但尚未超過中位數 10 的地步。因之，我們可以說，我們所研究的對象，其政治功效意識，仍然是偏低的。

表 5-2　兒童年級（年齡）與政治功效意識 (F test)

年級	政治功效意識			來源	SS	df	MS	F
	人數	平均數	標準差					
國小四年級	138	11.93	2.72	組內	332.74	5	66.54	12.04*
國小五年級	157	11.61 低	2.73	組間	5896.94	1071	55.51	
國小六年級	148	11.19	2.25	總計	6229.68	1076		
國中一年級	217	11.20	2.33					
國中二年級	211	10.51	2.11		$df = 5, 1071$		$* P < 0.01$	
國中三年級	206	10.30 高	1.24					

表 5-3　兒童年級（年齡）與權威人格 (F test)

年級	dogmatism			來源	SS	df	MS	F
	人數	平均數	標準差					
國小四年級	138	30.57	4.36	組內	1348.75	5	269.35	15.31*
國小五年級	157	29.59	4.35	組間	18800.46	1071	17.57	
國小六年級	148	30.43	3.96	總計	20149.21	1076		
國中一年級	217	32.31	3.98					
國中二年級	211	31.85	4.04		$df = 5, 1071$		$* P < 0.01$	
國中三年級	206	32.94	4.31					

除此之外，兒童們在人格方面，顯示出獨斷主義或權威主義的傾

透過 $v_1 = n_1 - 1, v_2 = n_2 - 1$ 的 F 分配進行 σ_1^2, σ_2^2 的檢定。

請參閱顏月珠，《統計學》，臺北：三民書局，民國八十年，頁 263-266。

向，年級愈高似愈厲害，觀表 5-3 即可明瞭。

何以兒童們年級（年齡）愈高，其思維方式 (way of thinking) 愈封閉或獨斷呢？這不但最值得我們研究探討，而且是最值得吾人警惕的一件事。蓋教育，特別是學校教育的目標，乃在於啟迪人的心智，使心智更為開敞才對，而今天受教育的結果，適得其反，不能不使人懷疑今天的教育究竟是哪些地方出了問題。是教學方式不對？還是教師們的權威人格影響所致？凡此種種，俱值得吾人作進一步的研究。

二、居住地區

本研究的樣本，來自於臺北市的大安區及臺北縣的鶯歌鎮。前者完全是大都市，而後者乃是臺北縣轄的一個建設相當落後的「鎮」，除了少數的街道外，其餘與鄉村無大差異。大都市中的居民，與鄉村中的居民，一般言之，在政治參與上，常有許多差異。造成差異主要的原因，是由於都市中的人口密度高，以及接觸訊息 (information) 的機會多❼。這種情況是否也會影響其未成年子女的政治功效意識呢？在本研究裏，我們發現，城市中的兒童要較鄉鎮中的兒童政治意識為高（見表 5-4）。可是在人格特質方面，兩個地區的兒童得分的平均數均超過中位數 30，也即是說均呈現同樣的獨斷主義的趨向，而且二者之間並無顯著的不同（見表 5-5）。這一結果，更增加了我們前面猜想的正確性，因為在同一種教育制度與教學方法下，培養出來的兒童人格特質，應無太大的差異才對。

---

❼　見 Lane, *Political Life*, pp. 265–267.

表 5-4　居住地區與政治功效意識 (*t* test)

居住地區	政治功效意識			
	人數	平均數	標準差	*t* 值
臺北市	490	10.64	2.38	−5.17*
臺北縣	587	11.39	2.35	

註：*df*=1076　　*P*<0.01

表 5-5　居住地區與權威人格 (*t* test)

居住地區	dogmatism			
	人數	平均數	標準差	*t* 值
臺北市	490	31.74	4.38	1.69*
臺北縣	587	31.29	4.27	

註：*df*=1076　　*P*>0.05　　n.s.

三、性　別

　　男女性別上的差異，除了生理原因外，也是社會化的結果。一般說來，這種性別上的差異早在兒童時期即已覺察了。可是這種差異，有無影響及兒童的政治功效意識呢？

　　我們在本書第三章的研究裏，發現兒童在政治知識方面，男生稍高於女生；在第四章的研究裏，發現男生的政治功效意識也稍高於女生。惟用卡方檢定的結果，差異並不十分顯著。本章用同樣的量表，再作一次測驗，並用 *t* 分配來檢定❽，結果發現二者有顯著的差異（見表 5-6），也即是男生的政治功效意識較高於女生。

❽　當兩常態母體的變異數未知但相等，即 $\sigma_1^2 = \sigma_2^2 = \sigma^2$，則 σ^2 可用不偏估計量 S_p 代之：

表 5-6　兒童性別與政治功效意識 (*t* test)

性別	政治功效意識			
	人數	平均數	標準差	*t* 值
男生	529	10.94	2.48	-1.9971*
女生	548	11.46	2.33	

註: *df*=1076　　*P*<0.05

但在人格結構方面，則男女生俱傾向於獨斷主義（男生的平均數為 31.58，標準差為 4.31；女生的平均數為 31.44，標準差為 4.29；*t* 值為 0.55，*P*>0.05），且無顯著的差異。這與我們上章研究所得的結果，大致相同。

四、籍　貫

在本書第四章的研究裏，我們發現本省市的兒童與外省籍的兒童在政治功效意識方面，雖然前者稍低於後者，但其間並無顯著的差異。可是在本章的研究裏，我們用 *t* 分配檢定的結果，發現前者仍低於後者，且有極顯著的差異（見表 5-7）。但是在人格結構方面，二者均顯示出相同的傾向——獨斷主義的傾向（本省市兒童之平均得分為 31.34，標準差為 4.38；外省兒童之平均得分為 31.85，標準差為 4.11），而且二者無顯著的差異（*t*=-1.89，*P*>0.05 n.s.）。

$$S_p^2 = \frac{(n_1-1)\hat{S}_1^2 + (n_2-1)\hat{S}_2^2}{n_1+n_2-2}$$

$$t = \frac{(\overline{X}_1 - \overline{X}_2) - (\mu_1 - \mu_2)}{S_p\,(1/n_1 + 1/n_2)^{1/2}}$$

透過自由度 $v = n_1 + n_2 - 2$ 的 *t* 分配進行 $\mu_1 - \mu_2$ 的檢定。

請參閱顏月珠，《統計學》，臺北: 三民書局，民國八十年，頁 268-271。

表 5-7　兒童籍貫與政治功效意識 (*t* test)

籍貫	政治功效意識			
	人數	平均數	標準差	*t* 值
本省（市）	716	11.28	2.42	4.60*
外省籍	361	10.58	2.31	

註：*df*=1076　　*P*<0.01

五、父（母）教育程度

再從父（母）所受的教育來分析，我們發現，父（母）受教育少的家庭，其子女的政治功效意識也有跟著偏低的現象。自「小學」這一等級以下，這一趨勢更加明顯（見表 5-8）。這表示父（母）所受教育的多少，乃是影響兒童政治功效意識的一個決定因素。

表 5-8　父（母）教育程度與兒童政治功效意識 (*F* test)

父（母）教育程度	政治功效意識			來源	*SS*	*df*	*MS*	*F*
	人數	平均數	標準差					
大專	248	10.55	2.17	組內	161.13	5	32.62	6.52*
高中（職）	183	10.78	2.37	組間	6066.55	1071	5.67	
初中	161	10.11	2.38	總計	6229.68	1076		
小學	313	11.36	2.56					
識字	126	11.34	2.45	*df* = 5, 1071		*P* < 0.01		
不識字	46	12.02	1.98					

可是在人格結構方面，則為出身於父（母）受過高等教育的家庭中之子女，思想封閉的情形較為特出。其次，是為父（母）教育程度最低（不識字）家庭出身的子女。並且，彼此之間的差異極為顯著（見

表 5-9)。這表示父（母）教育程度也是影響其子女人格結構的一個重要因素。但是在父（母）教育程度低的家庭，其子女之人格有權威主義的傾向，是可以理解的。因為在此等家庭中，父母教養子女之方式，一般言之，不如父母受教育高的家庭來得開明。但在父母受過高等教育的家庭，何以其子女的人格有較高的權威主義傾向呢？這也是值得我們作進一步探討的問題。

表 5-9　父（母）教育程度與兒童權威人格 (F test)

父（母）教育程度	dogmatism			來源	SS	df	MS	F
	人數	平均數	標準差					
大專	248	32.37	4.32	組內	459.63	5	91.92	4.99*
高中（職）	183	31.62	4.11	組間	19689.58	1071	18.40	
初中	161	31.09	4.27	總計	20149.21	1076		
小學	313	31.42	4.32					
識字	126	30.14	4.38	df = 5, 1071　　* P < 0.01				
不識字	46	31.85	4.01					

六、父（母）職業

父（母）所從事的職業，有無影響兒童們的政治功效意識以及人格傾向呢？在本章裏，我們將職業分為九類，前已言之。在這九類職業的家庭裏，以出身於第五類職業的家庭（即：農、林、漁、牧業）中的子女，其政治功效意識特別偏低。其次，分別為技工、半技工及勞力者的子女。除無業家庭者外，以前四類（專門職業、管理業、佐理業、商業）職業之家庭中的子女政治功效意識較高。無業者家庭出身的子女，固然得分（平均數）最高，但因人數過少 (N=14)，統計所得結果，似不足採信（見表 5-10）。就前四類職業而言，擔任者所需

的教育程度，大致須在初中程度以上才行。所以我們如果將表 5–10 與表 5–8 對照來看，不難看出二者似有密切的關係存在。

再就這九類職業之家庭中的子女人格結構而言，雖然均有權威主義的傾向（平均數均未低於中位數 30），但其間並無顯著的差異（$F=1.91$，$P>0.05$ n.s.）。這表示父（母）職業並非是影響子女人格傾向的一個因素。

表 5–10　父（母）職業與兒童政治功效意識 (F test)

父（母）職業	政治功效意識			來源	SS	df	MS	F
	人數	平均數	標準差					
專門職業	135	10.73	2.28	組內	194.08	8	18.63	3.28*
管理業	131	10.89	2.51	組間	6080.60	1068	5.70	
佐理業	263	10.75	2.30	總計	6229.68	1076		
商業	139	10.96	2.80					
農林漁牧	61	12.16	2.36					
技工	134	11.37	2.47		$df = 8, 1068$		* $P < 0.01$	
半技工	124	11.39	2.35					
勞力者	76	11.11	2.49					
無業	14	10.57	1.72					

七、家庭社會經濟地位

再就兒童們的家庭社經地位 (SES) 來分析，我們發現家庭社經地位的高低，對於兒童的政治功效意識有非常顯著的影響（見表 5–11）。換言之，從五種家庭中出身的兒童，其政治功效意識的平均數，表現出有由低向高上升的趨向。這表示家庭社經地位愈高者，其子女愈相信其在將來能夠影響政府的施政；反之，則愈不相信❾。

表 5-11　家庭社經地位與兒童政治功效意識 (*F* test)

家庭社經地位	政治功效意識			來源	SS	df	MS	F
	人數	平均數	標準差					
上等	200	10.58	2.51	組內	108.78	4	70.39	3.79*
中上	268	10.82	2.21	組間	6120.79	1072	18.55	
中下	248	11.29	2.44	總計	6229.67	1076		
下上	283	11.21	2.43	df = 4, 1072　　* P < 0.01				
下下	78	11.65	2.30					

　　至於家庭社經地位之差異，有無影響兒童之人格結構呢？根據分析的結果，發現正好與政治功效意識相反，不但普遍地有獨斷主義的傾向，而且除了「下下」階層之外，愈是社經地位高者，傾向愈是明顯（見表 5-12）。

表 5-12　家庭社經地位與兒童權威人格 (*F* test)

家庭社經地位	dogmatism			來源	SS	df	MS	F
	人數	平均數	標準差					
上等	200	32.15	4.17	組內	281.59	4	703.9	3.79*
中上	268	31.92	4.33	組間	19867.62	1072	18.55	
中下	248	31.30	4.37	總計	20149.21	1076		
下上	283	30.74	4.17	df = 4, 1072　　* P < 0.01				
下下	78	31.50	4.42					

八、家庭結構

　　最後，就家庭結構來作分析，無論是小家庭、主幹家庭或是大家

---

❾　至於家庭社經地位量表的編製，參見本人著〈我國家庭政治化與少年政治功效意識之研究〉，《思與言》，卷 11，期 5，頁 1-20。

庭，對於兒童們的政治功效意識，看不出有何顯著的影響。換言之，家庭結構如何，並非是影響兒童政治功效意識的重要因素（見表 5–13）。但是其對於兒童的人格，則有顯著的影響。即三種家庭出身的子女，其思想方式皆有封閉的傾向，且彼此有顯著的差異存在（見表 5–14）。其中以主幹家庭出身的子女較為突出，小家庭次之，大家庭又次之。

表 5–13 家庭結構與兒童政治功效意識 (*F* test)

家庭結構	政治功效意識			來源	*SS*	*df*	*MS*	*F*
	人數	平均數	標準差					
大家庭	79	10.87	2.16	組內	18.41	3	6.13	1.05*
小家庭	729	10.96	2.55	組間	6211.26	1073	5.79	
主幹家庭	232	11.25	2.28	總計	6229.67	1076		
其他	37	11.38	2.20	*df* = 3, 1073		* *P* > 0.05		n.s.

註：凡無法歸類者皆放在「其他」之中。

表 5–14 家庭結構與兒童權威人格 (*F* test)

家庭結構	dogmatism			來源	*SS*	*df*	*MS*	*F*
	人數	平均數	標準差					
大家庭	79	30.48	4.45	組內	281.59	4	70.39	3.79*
小家庭	729	31.58	4.32	組間	19867.62	1073	18.55	
主幹家庭	232	31.72	4.22	總計	20149.21	1076		
其他	37	29.81	4.04	*df* = 3, 1073		* *P* < 0.05		

綜合以上八項的分析，我們可以得到以下幾點結論：

第一、兒童們年級（年齡）的增長，性別、籍貫與居住地區的差異，以及父（母）的教育程度、職業與家庭社經地位的不同，均顯著

地影響到他們政治功效意識的高低。分析言之，也即是年級高（年齡
長）的兒童，政治功效意識較高；男生較女生為高；都市中的兒童較
鄉村中的兒童為高；外省籍的較本省及本市（臺北市）的為高；上層
職業家庭出身的要較中、下層職業家庭出身的為高；家庭社經地位高
者要較低者為高；父（母）教育程度高者，其子女的政治功效意識亦
高。但就整體來看，被研究的對象，其政治功效意識仍然偏低。因為
幾乎沒有一個是低於中位數 10 者。凡得分或平均數在中位數左邊者，
我們才能謂其政治功效意識高。

　　第二、兒童們的人格傾向，以陸凱許氏 dogmatism scale 測量的結
果，均有權威主義的傾向，年級（年齡）愈高，這種傾向似愈屬害。
這種情況正好與政治功效意識成反方向的發展，頗值得吾人警惕。除
此之外，何以兒童的籍貫、父（母）教育程度、家庭社經地位與家庭
結構這四個變數，對於他們的人格傾向會產生顯著的影響，也是值得
吾人深思的問題。

　　惟以此種分析法，只能表示某些自變數對於某些依變數的確有影
響存在而已，但不能說明何以有影響。所以我們以下將再從家庭政治
化這一角度去分析，看看家庭政治化程度與兒童政治功效意識之間有
無關係存在。

第四節　家庭的政治化與兒童的政治功效意識

　　在這一節裏，我們將從居住地區、籍貫、父（母）教育程度、父
（母）職業、家庭社經地位與家庭結構等六方面，來分析各種家庭政

治化的情況，然後再以之與以上分析的結果對照，即可看出二者有無關係存在了。以下先就居住地區來分析。

一、居住地區

就居住地區而言，很顯然地，居住在臺北市的家庭，要較居住在臺北縣小鎮上的家庭，其政治化的程度為高，而且彼此有極顯著的差異（見表 5-15）。這種居住地區的差異，根據吾人在前一節的分析，同樣顯著地影響到兒童們政治功效意識的高低（參見表 5-4）。也即是說，居住在臺北市者，其政治功效意識要較居住在臺北縣者為高。但家庭居住地區的差異，並不影響兒童的人格結構或思想方式（參見 5-5）。兒童們的人格趨向於權威主義，可能是另一些原因促成的。前已言之，茲不再贅。

表 5-15　居住地區與家庭政治化 (t test)

居住地區	家庭政治化			
	人數	平均數	標準差	t 值
臺北市	490	11.25	2.66	4.81*
臺北縣	587	10.47	2.67	

註：$df = 1076$　　$P < 0.01$

二、籍　貫

父（母）籍貫的不同，是否在家庭政治化方面也有所差異呢？我們分析的結果，發現外省籍的家庭，其在政治化程度上，要較本省（市）家庭為高（見表 5-16）。這種情形，也同樣見之於不同省籍兒童的政治功效意識上（見表 5-7）。這表示二者可能有很高的相關存在。

表 5–16　兒童籍貫與家庭政治化 (*t* test)

籍貫	家庭政治化			
	人數	平均數	標準差	*t* 值
本省（市）	716	10.54	2.72	–5.60*
外省籍	361	11.51	2.68	

註：*df* = 1076　　* *P* < 0.01

但不同省籍家庭出身的子女，其在人格傾向方面，並無顯著的差異存在。這表示家庭政治化的高低，對於他們的人格傾向並無直接影響存在（參見表 5–8）。兒童人格結構有權威主義的傾向，可能另有原因。

三、父（母）教育程度

就我們研究所得的資料顯示，愈是父母受教育高的家庭，其家庭政治化的程度愈高；反之，則愈低。從各組平均數來看，這種趨勢不但很清楚，而且十分顯著（見表 5–17）。

在這種情形之下，兒童們的政治功效意識，是否也跟著一齊升高呢？就以前一節中表 5–8 所示來看，的確是隨父（母）教育程度的升高而升高，而且也十分顯著 (*F*=6.52，*P*<0.01)。但就二者的平均數來比較，似乎兒童政治功效意識上升的程度，不如家庭政治化上升的程度那樣地明顯。因為前者最高的平均數與最低的平均數之間相差只有 1.47 而已；而後者相差達 3.39 之多。所以二者是否有顯著的相關存在，在未做進一步的運算之前，很難斷定。

表 5-17　父（母）教育程度與家庭政治化 (F test)

父（母）教育程度	家庭政治化			來源	SS	df	MS	F
	人數	平均數	標準差					
大專	248	12.06	2.21	組內	968.60	5	193.72	31.73*
高中（職）	183	11.36	2.48	組間	6870.58	1071	6.42	
初中	161	11.07	2.53	總計	7839.18	1076		
小學	313	10.24	2.68					
識字	126	9.60	2.76	df = 5, 1071			* P < 0.01	
不識字	46	8.67	2.53					

　　出身於父（母）教育程度高的家庭的子女，其政治功效意識固然高，但是其思想方式封閉的情況，卻未隨之降低，反而有升高的趨勢（見表 5-9）。似乎是父母受教育高的家庭，其子女思想封閉的情況，要較父母是文盲的家庭更為厲害。二者何以這樣的接近，真令人費解。但由此可見，父母受教育的高低，與其子女的思想是否趨向於封閉，二者之間並無必然的關係。家庭政治化的高或低，與之似也無因果關係。

四、父（母）職業

　　父（母）所從事的職業，是否也影響到家庭政治化的高低？我們分析的結果，發現前者對於後者的確是有十分顯著的影響。按照下表（見表 5-18）所示，以父（母）從事佐理業以上的家庭，政治化程度最高；商業、農林漁牧、技術工人的家庭次之；半技工、勞力、無業者家庭最低，而且彼此之間的差異非常顯著 (P<0.01)。

表 5-18　父（母）職業與家庭政治化 (*F* test)

父（母）職業	家庭政治化			來源	*SS*	*df*	*MS*	*F*
	人數	平均數	標準差					
專門職業	135	11.95	2.27	組內	1089.35	8	136.17	21.54*
管理業	131	11.75	2.41	組間	6749.83	1068	6.32	
佐理業	263	11.60	2.48	總計	7839.18	1076		
商業	139	10.60	2.57					
農林漁牧	61	10.85	2.90					
技工	134	10.13	2.73					
半技工	124	9.14	2.52	*df* = 8, 1068　　* *P* < 0.01				
勞力者	76	9.25	2.77					
無業	14	9.21	1.97					

　　父（母）所從事的職業，不但與家庭政治化的程度有關，而且與其子女的政治功效意識的高低亦有關係（參見表 5-10）。一般言之，職業等級較高的家庭，其子女的政治功效意識較高；反之，則較低。因此，我們可以判定，家庭政治化與兒童政治功效意識之間，一定有某種相關存在。但是其與兒童的思想方式之趨於封閉或獨斷主義的傾向，則似無關係。因為我們在前面分析的結果，父（母）所從事的職業，對於兒童的思想方式趨於封閉的情況，並未產生顯著的影響。

五、家庭社經地位

　　家庭社經地位的不同，對於家庭政治化似有極大的影響。就表 5-19 所示，家庭社經地位愈高者，其政治化愈高；反之，則愈低。而且其間的差異十分顯著。同時就上表中各層家庭的政治化程度平均數來看，自中下階層的家庭開始，其政治化情形，即與下層家庭有明顯的不同。

表 5-19　家庭社經地位與家庭政治化 (F test)

家庭社經地位	家庭政治化			來源	SS	df	MS	F
	人數	平均數	標準差					
上等	200	11.71	2.32	組內	916.59	4	229.14	34.47*
中上	268	11.58	2.49	組間	6922.62	1072	6.46	
中下	248	11.07	2.61	總計	7839.18	1076		
下上	283	9.82	2.59	df = 4, 1072　　* P < 0.01				
下下	78	8.83	2.81					

　　家庭社經地位的差異，不僅影響到家庭政治化的程度，而且亦影響到兒童們的政治功效意識，不過各組之間的差異不如家庭政治化那樣地顯著而已（參見表 5-11）。後者所得的 F 值 (35.47)，幾為前者 (F=4.76) 的 7.4 倍。所以我們可以肯定地說，在社經地位高的家庭中，不但政治化程度高，而且其子女的政治功效意識亦高；反之，亦可成立。

　　家庭社經地位的高低，固然與家庭政治化程度及兒童政治功效意識成正比例，但與兒童的人格傾向則不成正比。根據前節表 5-12 所示，上等家庭的子女在心智或思想上表現最為封閉，下下階層者次之；其餘則從下上階層開始，家庭社經地位愈高，兒童在獨斷主義量表 (dogmatism scale) 上的得分平均數愈高。這表示家庭政治化程度與家庭社經地位的高低之間，似無顯著的相關關係存在。

六、家庭結構

　　最後，就家庭結構（小家庭、大家庭與主幹家庭）而言，三種家庭的政治化程度並無不同。換言之，家庭結構的不同，對於家庭政治化並無影響。從其各自的平均數來觀察也是如此（見表 5-20）。這種結果，在我們分析家庭結構對於兒童政治功效意識之影響時，也同樣

地顯示了出來（參見表 5-13）。因此我們可以斷定，家庭結構非為影響兒童政治功效意識及家庭政治化程度的一個因素。

雖然這三類家庭中出身的兒童，在獨斷主義量表上得分之間有顯著的差異（見表 5-14），但這可能另有原因，與家庭政治化程度如何，並無關係。

表 5-20　家庭結構與家庭政治化 (*F* test)

家庭結構	家庭政治化			來源	*SS*	*df*	*MS*	*F*
	人數	平均數	標準差					
大家庭	79	10.82	2.77	組內	19.38	3	6.46	0.88*
小家庭	729	10.80	2.79	組間	7819.79	1073	7.29	
主幹家庭	232	10.97	2.50	總計	7839.18	1076		
其他	37	10.22	2.60	*df* = 3, 1073		*P* > 0.05		n.s.

就以上的分析，我們可以獲得一暫定的結論，即：兒童家庭居住地區的差異、省籍的不同、父母教育程度的高低及所從事的職業、與家庭所屬的社會經濟地位如何，不但影響他們的家庭政治化程度，同時也影響他們的政治功效意識。只有家庭結構這一變項，看不出有何太大的影響。而受這些變項影響的前述兩個依變項之間，雖然我們囿於技術上之限制，並未計算它們之間的相關係數，但從分析的結果，似可判定二者之間一定有某種顯著的關係存在。惟家庭政治化程度高，何以兒童的人格有權威主義的傾向，或其思想方式更趨於封閉，這是最不可理解的地方，可能另有重要的原因存在。前已言之，茲不再贅。

第五節　結論與討論

根據以上二節的分析，我們在第二節中所提出來的四個假設，均已獲得了妥當的驗證。所以我們可以說：

第一、凡是家庭政治化程度高者，其子女的政治功效意識亦高。

第二、居住在大都市的家庭，要較居住在鄉鎮中的家庭之政治化程度為高。同樣地，其各自的子女，在政治功效意識方面，也是前者較後者為高。

第三、外省籍的家庭，其政治化程度要較本省市（臺北市）的家庭為高。其子女在政治功效意識方面，也呈現出同樣的情形。

第四、凡是父母教育程度高，所從事的職業屬於白領階層以上者，以及家庭社經地位高者，家庭政治化的程度亦高，其子女在政治方面亦是如此；反之，則有趨低的傾向。

以上四點結論，固然我們不敢說可概推適用於全臺灣地區，但至少可適用於臺北地區，則是毫無疑問的，因為這四個學校，自具有代表性。如果我們再進一步地作一大膽的推論，這種結論，亦可能適用於全臺灣地區。我們所持的理由是：

第一、目前臺灣國民教育普及，所使用的教材，從南到北，從東到西，內容完全一致，教授方法也大致一樣。因之，無論正式的社會化內容或方法方面，幾乎沒有什麼差異存在。如果政治社會化的結果，在兒童身上呈現出顯著的差異，那就是另外的原因了。這些因素就是我們在前面所用以分析的屬於社會學上的因素，如居住地區、籍貫、父母教育程度與家庭社經地位等。

第二、導致政治社會化結果差異的這些社會學上的因素，在全臺

灣地區幾乎到處都存在，特別是在臺灣西部地區為然。根據以上兩點
理由，我們可以大膽地推論，在本文中所得到的結論，亦可適用於全
臺灣其他地區。這一假定，在以後賡續的研究裏，可能得到證明。

　　現在我們要進一步追問，即：家庭政治化的程度，何以有都市與
鄉村、省籍、父母教育程度、職業及社會經濟地位上的差異？也即是
說，到底是哪些因素促使不同的家庭在政治化尺度表上發生得分的差
異？以下我們試從(1)訂閱報紙數量，(2)家中討論國家大事的頻次，(3)
父母參加里民大會的情形，及(4)最近有無參加選舉投票這四項來分析。
這四項乃是測驗家庭接觸大眾傳播媒體的情形，家庭中討論政治問題
的情形，以及政治參與的情形。所以這四個測驗題，只是測量三個問
題而已。以下將分別就居住地區、籍貫、父（母）教育程度、家庭社
經地位與上述四個變項作交叉分析。

　　(1)就居住地區而言，都市中家庭要較鄉村中家庭訂閱報紙者為多
（見表 5-21），二者有極其顯著的差異。這種差異，無論從表中各項
的百分數或訂報的平均數去觀察，也是非常明顯。例如鄉村中家庭未
訂閱報紙者，高達 45% 之多，而都市中家庭未訂報者，只有 15%。訂
閱一份、二份、三份及四份以上者，均是以都市中家庭為高。在訂閱
報紙的平均數來作一比較，也是如此。都市家庭訂閱的平均數為 1.406，
而鄉村家庭只有 0.688。

表 5-21　　家庭居住地區與家庭中的訂報數量

居住地區	家庭中的訂報數量										訂閱總數	平均數
	0 份		1 份		2 份		3 份		4 份以上			
	N	%	N	%	N	%	N	%	N	%		
臺北市	72	14.69	225	45.92	125	25.51	48	9.80	20	4.08	699	1.406

| 臺北縣 | 265 | 54.08 | 254 | 51.84 | 53 | 10.82 | 11 | 2.24 | 4 | 0.82 | 403 | 0.688 |

註：χ^2=60.90　　df=4　　*P<0.05

都市中的家庭不但訂閱報紙的平均數高，而且在家庭中父母討論國內外大事的頻次也較高（見表 5-22）。這表示大都市中的家庭，不但接觸新聞媒體的機會多，同時也表示比較關心國家及國際大事。

表 5-22　　家庭居住地區與家庭中的時事討論

居住地區	家庭中的時事討論											
	經常討論		有時討論		很少討論		從不討論		未答		總計	
	N	%	N	%	N	%	N	%	N	%	N	%
臺北市	103	21.02	223	45.51	120	24.49	37	7.55	7	1.43	490	100
臺北縣	57	9.71	213	36.29	199	33.90	98	16.69	20	3.41	587	100

註：χ^2 = 22.05　　df = 4　　P < 0.05

接觸新聞媒體的機會多，與家庭中時事討論的比率高，是否在政治參與方面亦高呢？就我們分析的結果，二者並無因果的關係。倒是鄉村中的居民，在政治參與（參加里民大會及選舉投票）方面，要較都市中居民為高（見表 5-23 及 5-24）。在表 5-23 中，二者有非常顯著的差異，而表 5-24 則無。

表 5-23　　家庭居住地區與父母參加里民大會

居住地區	參加里民大會											
	經常出席		有時出席		很少出席		從不出席		未答		總計	
	N	%	N	%	N	%	N	%	N	%	N	%
臺北市	121	24.69	136	27.75	131	26.73	93	18.98	9	1.84	490	100
臺北縣	242	41.23	142	24.19	137	23.34	53	9.03	13	2.21	587	100

註：χ^2 = 17.201　　df = 4　　P < 0.05

表 5-24　家庭居住地區與父母投票參與

居住地區	父母最近有沒有去投票							
	有		沒有		不知道		總計	
	N	%	N	%	N	%	N	%
臺北市	434	88.57	31	6.33	25	5.10	490	100
臺北縣	550	93.70	15	2.55	22	3.75	587	100

註：$\chi^2 = 0.9018$　$df = 2$　$P > 0.05$　n.s.

鄉村中居民的政治參與高（至少在參加大會及投票兩方面是如此），恐怕與家庭政治化的程度無關，而是可能另有原因，有待我們進一步去探討發掘。

(2)再就省籍而言，外省籍的家庭訂報的比率要較本省（市）籍的家庭為高。其在平均數方面表現得更清楚：外省籍家庭訂報的平均數為 1.024，而本省（市）家庭只有 0.89（見表 5-25）。這表示外省籍家庭接觸新聞媒體的機會多，也比較關心時事問題。

表 5-25　父（母）籍貫與家庭中的訂報數量

父（母）籍貫	家庭中的訂報數量										訂閱總數	平均數
	0 份		1 份		2 份		3 份		4 份以上			
	N	%	N	%	N	%	N	%	N	%		
本省（市）	259	36.17	398	45.81	89	12.43	28	3.91	12	1.68	638	0.89
外省籍	78	21.61	151	41.83	89	24.65	31	8.59	12	3.32	470	1.024

註：$\chi^2 = 9.65$　$df = 4$　$P < 0.05$

但關心時事是否也經常討論時事呢？就本研究所得資料分析的結果，雖然在百分數上外省家庭稍高於本省家庭，但用卡方檢定的結果，二者並無顯著的差異（見表 5-26）。因之我們可以說，在時事討論方

面，二種籍貫的家庭並無不同，且二者均傾向於「有時討論」及「很少討論」，「經常討論」者不多。

表 5-26　父（母）籍貫與家庭中的時事討論

父（母）籍貫	家庭中的時事討論											
	經常討論		有時討論		很少討論		從不討論		未答		總計	
	N	%	N	%	N	%	N	%	N	%	N	%
本省（市）	90	12.57	272	37.99	232	32.40	102	14.25	20	2.79	716	100
外省籍	70	19.39	164	45.43	87	24.10	33	9.14	7	1.94	361	100

註：$\chi^2 = 4.98$　　$df = 4$　　$P > 0.05$　　n.s.

其次，在政治參與方面，無論是參加里民大會或是參加選舉投票，二種籍貫的家庭亦均無不同（見表 5-27 及 5-28）。

表 5-27　父（母）籍貫與父母參加里民大會

父（母）籍貫	參加里民大會											
	經常出席		有時出席		很少出席		從不出席		未答		總計	
	N	%	N	%	N	%	N	%	N	%	N	%
本省（市）	252	35.20	172	24.02	177	24.72	99	13.83	16	2.23	716	100
外省籍	111	30.75	106	29.36	91	25.21	47	13.02	6	1.66	361	100

註：$\chi^2 = 0.91$　　$df = 4$　　$P > 0.05$　　n.s.

表 5-28　父（母）籍貫與父母投票參與

父（母）籍貫	父母最近有沒有去投票							
	有		沒有		不知道		總計	
	N	%	N	%	N	%	N	%
本省（市）	645	90.08	32	4.47	39	5.45	716	100

外省籍	339	93.91	14	3.38	8	2.22	361	100

註：$\chi^2=0.9018$　　$df=2$　　$P>0.05$　　n.s.

⑶再從父（母）所受的教育的高低來觀察，凡是受教育高者，其家中訂報的數量也高；反之，則低（見表 5-29）。在家庭中討論時事問題方面，也是以父母受教育高的家庭高，然後有依次遞減的情形，而且差異極為顯著（見表 5-30）。可是在政治參與方面，與前面的分析結果一樣，看不出有何差異存在❿。

表 5-29　父（母）教育程度與家庭中的訂報數量

父（母）教育程度	家庭中的訂報數量										平均數
	0 份		1 份		2 份		3 份		4 份以上		
	N	%	N	%	N	%	N	%	N	%	
大專	11	4.44	114	45.47	80	32.26	30	12.10	13	5.24	1.68
高中（職）	21	11.48	101	55.19	40	21.86	19	10.38	2	1.09	1.34
初中	47	29.19	76	47.20	29	18.01	4	2.48	5	3.11	1.02
小學	156	49.84	131	41.85	20	6.40	5	1.60	1	0.32	0.57
識字	66	52.38	48	38.10	8	6.35	1	0.79	3	2.38	0.62
不識字	36	78.26	9	19.57	1	2.17	0	0	0	0	0.24

註：$\chi^2 = 79.07$　　$df = 20$　　$P < 0.05$

表 5-30　父（母）教育程度與家庭中的時事討論

父（母）教育程度	家庭中的時事討論											
	經常討論		有時討論		很少討論		從不討論		未答		總計	
	N	%	N	%	N	%	N	%	N	%	N	%
大專	72	29.03	127	51.21	40	16.13	9	3.63	0	0	248	100

❿　卡方分別為 2.35 及 3.40，$P>0.05$。

高中（職）	34	18.58	79	43.17	60	32.79	8	4.37	2	1.09	183	100
初中	18	11.18	77	47.83	54	33.54	10	6.21	2	1.24	161	100
小學	31	9.90	109	34.82	107	34.19	55	17.57	11	3.51	313	100
識字	5	3.97	34	36.98	44	34.92	35	27.78	8	6.35	126	100
不識字	0	0	10	21.74	30	30.43	18	39.13	4	8.70	46	100

註：$\chi^2 = 46.1492$　　$df = 20$　　$P < 0.05$

⑷最後從兒童們家庭社經地位去分析，所得結果也大致相同，即上層及中層家庭要較下層家庭訂報率及訂報數量高（見表 5–31），而且差異極為顯著。

表 5–31　家庭社經地位與家庭中的訂報數量

家庭社經地位	家庭中的訂報數量										訂閱總數	平均數
	0 份		1 份		2 份		3 份		4 份以上			
	N	$\%$	N	$\%$	N	$\%$	N	$\%$	N	$\%$		
上等	11	3.74	151	51.02	89	30.27	31	10.54	13	4.42	473	1.61
中上	21	11.48	101	55.19	40	21.86	19	10.38	2	1.09	246	2.63
中下	47	29.19	76	47.20	29	18.01	4	2.48	5	3.11	166	1.03
下上	156	49.84	131	41.85	20	6.39	5	1.60	1	0.32	190	0.60
下下	66	52.38	48	38.10	8	6.35	1	0.79	3	2.38	79	0.62

註：$\chi^2 = 81.58$　　$df = 16$　　$P < 0.05$

其次，在家庭中討論時事問題，也是以中、上層家庭的頻次高，中下及下層家庭較低，並且差異也極為顯著（見表 5–32）。這表示愈是社經地位高者，愈關心時事問題，接觸新聞媒體的次數愈高。

表 5-32　家庭社經地位與家庭中的時事討論

家庭社經地位	家庭中的時事討論											
	經常討論		有時討論		很少討論		從不討論		未答		總計	
	N	%	N	%	N	%	N	%	N	%	N	%
上等	52	26.00	94	47.00	44	22.00	10	5.00	0	0	200	100
中上	57	21.27	130	48.51	65	24.25	15	5.60	1	0.37	268	100
中下	31	12.50	106	42.74	87	35.08	19	7.66	5	2.02	248	100
下上	18	6.36	90	31.80	98	34.14	62	21.91	15	5.30	283	100
下下	2	2.56	16	20.51	25	32.05	29	37.18	6	7.69	78	100

註：$\chi^2 = 59.62$　　$df = 16$　　$P < 0.05$

最後，在政治參與方面，各個階層的家庭，也與前面所分析的一樣，看不出有何顯著的差異存在；雖然政治參與率高的並非是上層家庭，而是中層家庭（見表 5-33 及 5-34）。

表 5-33　家庭社經地位與父母參加里民大會

家庭社經地位	參加里民大會											
	經常出席		有時出席		很少出席		從不出席		未答		總計	
	N	%	N	%	N	%	N	%	N	%	N	%
上等	39	19.50	68	34.00	56	28.00	34	17.00	3	1.50	200	100
中上	90	33.58	76	28.36	67	25.00	29	10.82	6	2.24	268	100
中下	103	41.53	57	22.98	50	20.16	32	12.90	6	2.42	248	100
下上	108	38.16	64	22.61	72	25.44	34	12.01	5	1.77	283	100
下下	23	24.49	13	16.67	23	29.49	17	21.79	2	2.56	78	100

註：$\chi^2 = 16.01$　　$df = 16$　　$P > 0.05$　　n.s.

表 5-34　家庭社經地位與父母投票參與

家庭社經地位	父母最近有沒有去投票							
	有		沒有		不知道		總計	
	N	%	N	%	N	%	N	%
上等	174	87.00	14	7.00	12	6.00	200	100
中上	256	95.52	6	2.24	6	2.24	268	100
中下	229	92.34	9	3.63	10	4.03	248	100
下上	256	90.46	12	4.24	15	5.30	283	100
下下	69	88.46	5	6.41	4	5.13	78	100

註：$\chi^2 = 0.4750$　$df = 8$　$P > 0.05$　n.s.

由以上的分析，我們可以獲得一個結論，即各類家庭之所以在政治化程度上有顯著的差異，主要的原因是由於接觸新聞媒體的多寡，其次才是家庭中時事討論的次數⑪。至於政治參與（參加里民大會及選舉投票），並非是主要的因素。而有能力廣泛接觸新聞媒體者，必定

---

⑪　因為對於新聞媒體之接觸，在四項分析中，俱有顯著之結果，而家庭時事討論，旨在三項分析中出現顯著之結果。因此我們可以說，對於新聞媒體的接觸頻次高，乃是影響家庭政治化的一個最重要的原因。這一結論是有堅強的根據的，請看下表即可明瞭。

家中訂報數量與家庭政治化 (F test)

來源	SS	df	MS	F
組內	342.94	3	114.31	16.35
組間	7496.24	1073	6.99	
總計	7839.18	1076		

在上表中，F 值遠大過表值，這表示訂報數量的確影響到家庭政治化的程度。

與居住地區是否有這便利，家長過去所受的教育如何，家庭社經地位的高低等有關。居住在大都市中的家庭，當然要較小鄉鎮或鄉村中的家庭容易接觸到新聞媒體，特別是報紙雜誌為然。教育程度高者與收入高者，當然也較教育程度低者與收入低者容易接觸到新聞媒體，這是不爭的事實。但外省籍的家庭何以較本省（市）的家庭更關心時事？以我們推想，這可能與他們過去歷經患難的經驗有關。因過去的痛苦經驗，使他們無法不關心國內外大事。何況現在的局面，原非是太平盛世呢！

　　總之，我們可以說，兒童家庭政治化程度與他們的政治功效意識高低之間，有密切的關係存在；而家庭政治化程度，主要決定於家庭接觸新聞媒體的機會如何；而後者又與父母過去所受教育、社會經濟地位、居住地區與籍貫等因素有關。

第六章 我國國民中小學的公民教育與兒童的政治社會化

第一節 概 說

現在研究政治社會化 (political socialization) 的學者們，大致都同意，個人的政治態度與政治行為，不少係自所處環境中學習而得來的。例如社會心理學家韓門 (Herbert H. Hyman) 氏即持此一看法❶。

構成個人早年學習環境的要素或機構中，一般學者認為當推家庭，其次為學校、同儕團體 (peer group) 與大眾傳播媒體 (mass media) 等。其中影響個人最深的，可能為家庭與學校。所以有些學者將家庭看作是基礎社會化 (primary socialization) 的單位，而學校則為介於基礎社會化與輔助社會化 (secondary socialization) 之間的一個最重要的機構 (agent)，其餘的均屬於輔助社會化層次的機構（參見圖 6-1）❷。由圖可見家庭與學校在個人整個社會化過程的重要性。

---

❶ 見 Herbert H. Hyman, *Political Socialization* (Glencoe: The Free Press, 1959), p. 17.

❷ 此圖係稍稍修改 Robert E. Dowse & John A. Hughes 的而來。見 Dowse & Hughes, *Political Sociology* (New York: Wiley, 1972), pp. 182–183.

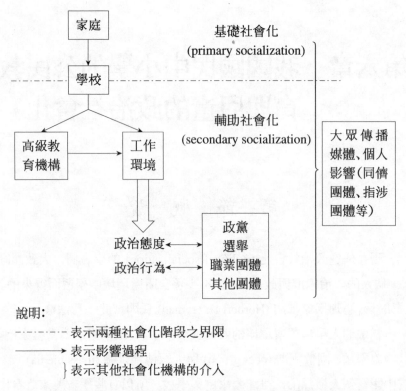

說明：

－‧－‧－‧－ 表示兩種社會化階段之界限

───────▶ 表示影響過程

} 表示其他社會化機構的介入

圖 6–1　在複雜社會中政治社會化之機構與過程

　　家庭在個人政治社會化過程中，對於個人政治態度與政治行為塑造功能及影響，現已有不少的研究出現，我們在本書第二章中已有撮述，茲不再贅。在本書第四章的研究中，我們發現我國兒童從國小四年級到國中三年級為止，年級愈高政治功效意識有愈低的傾向。可是當我們從家庭結構、家庭權威模式 (authority patterns) 與教養方式 (rearing practice) 等幾個自變項 (independent variables) 出發，尋找其與這種偏低傾向之間的關係，結果發現它們之間的相關並不顯著。於是我們懷疑我國家庭對於政治的一般態度如何，可能為我國目前臺灣地

區兒童政治態度偏低的一個因素。換言之，家庭政治化 (politicization)
程度低者，其子女的政治功效意識 (sense of political efficacy) 亦可能偏
低。在本書第五章的研究裏，所得資料經過統計分析的結果，證明我
們的懷疑是正確的。詳言之：第一、凡是家庭政治化程度高者，其子
女的政治功效意識亦高。第二、居住在大都市中的家庭，要較居住在
鄉鎮中的家庭，其政治化的程度為高。同樣地，其各自的子女，在政
治功效意識上，也是前者較後者為高。第三、外省籍的家庭，其政治
化的程度要較本省市（臺北市）的家庭為高。其各自的子女在政治功
效意識方面，也呈現出同樣的情形。第四、凡是父母教育程度高，所
從事的職業在白領階層以上者，以及家庭社會經濟地位高者，其家庭
政治化程度亦高，其子女的政治功效意識亦是如此。第五、影響家庭
政治化高低者，主要決定於家庭是否有能力（教育、財富）、便利（居
住地）、接觸新聞媒體的機會，以及關心政治的程度如何。

　　在以上所列的幾個自變項中，為什麼只有家庭政治化程度一項有
顯著的影響呢？這是否由於我國近年來工業化的關係，而導致家庭影
響力衰微所致？還是由於我們研究設計不夠周延所致？如果由於前一
原因，家庭的功能自然不如在農業社會階段對於個人的態度與行為有
那樣廣大而深刻的影響力了。在工業社會階段，由於社會的分化與複
雜，從前由家庭所行使的社會化功能，現在則改由其他社會化機構去
行使了。因之，在工業社會裏，家庭以外的社會化機構之重要性即不
可忽視了。如果由於後一原因，只要再做一、二次重複研究，即不難
予以校正過來了。惟在此時此地，我們懷疑是由於前一原因所致。因
之，我們在本章將研究方向轉移至家庭以外的社會化機構上去。

　　在家庭以外的社會化機構之中，首先值得我們注意的，自為學校
不可。蓋學校在今日為兒童於家庭之外所首先接觸到的一個最重要的

制度化的社會化機構。在臺灣地區，兒童於六足歲進入學校之後，不僅有系統地接受現代知識，而且也成為有系統地傳授灌輸社會價值的對象。此外，他們將來擔任何種角色，哪種角色應遵守何種規範與如何行為，由角色所組成的政治環境如何，對政治系統認同感的培養，甚至政府的政策，對於他們的實際生活有何影響等，均是在進入學校後，特別是在接受義務教育這一階段才開始學習到的。所以嚴格說來，兒童的政治知覺 (civic awareness)❸是始於學校階段的。這在葛林斯坦 (F. I. Greenstein) 的研究中，得到了證明。葛氏的研究發現，在美國初等學校 (elementary school) 的最後五年，也即是九歲到十三歲（從四年級到八年級）這一階段，兒童們對於本屬於成人的政治知識，從幾乎全然無知，一下子進步知覺到大多數的程度❹。不僅如此，兒童們在初等學校這一階段，從三、四年級開始，對於政府和政治權威總是抱著一種贊同與支持的態度❺。而在亞蒙與浮巴 (Gabriel A. Almond &

---

❸ 所謂「政治知覺」(civic awareness) 乃是包含政治認知（知識）與喜好（帶有價值的）兩種性趨 (disposition) 在內的一種概念。就認知而言，只要個人開始注意到政治實體 (political object)，就認為其有政治知覺了。有了認知之後，或同時，可能顯示出對它的興趣、評價與態度等。見 Charles F. Andrain, *Children & Civic Awareness: A Study in Political Education* (Columbus, Ohio: Charles E. Merrill, 1971), p. 6.

❹ 見 Fred I. Greenstein, *Children & Politics* (New Haven: Yale University Press, 1967), pp. 1–2.

❺ 見 David Easton & Jack Dennis, "The Child's Image of Government, "*The Annuals of the American Academy of Political & Social Sciences* (*The Annuals*), vol. 361 (Sept. 1965), pp. 40–57; David Easton & Robert D. Hess, "The Child's Political World," *Midwest Journal of Political Science* (*MJPS*), vol. 6, 1962, pp. 229–249; Fred I. Greenstein, "The Benevolent

Sidney Verba) 的五國研究中也發現，幾乎沒有例外地，凡受過教育者，對於政治更為注意，對政治歷程有更多的知識，更能知覺到政府對於人民生活的影響，以及表現出更多的政治才幹❻。

由以上這些發現，可見學校在政治社會化歷程中重要性的一斑。事實上，各國不論是已開發國家或是正在開發中國家，民主國家或極權國家，無不在利用學校制度來達成政治穩定與國家認同等目標❼。所以美國已故政治學家 V. O. Key 說：「所有國家的教育制度，都是在灌輸其未來公民有關政治秩序的基本觀念與價值。」❽

惟學校教育對於兒童政治態度與行為的影響，是來自多方面的，例如一般教師的教學方式、管教學生的態度、教材的內容，甚至於學校中的人際關係等，均可能直接或間接影響到兒童對於政治實體 (political object) 的態度。惟在本章的研究裏，絕不可能將所有的問題或關係均發掘出來。所以本研究在目前階段，只限於國民中小學中的公民教育，在兒童身上所產生的政治社會化的效果如何。因為學校中的公

Leader: Children's Image of Political Authority," *American Political Science Review (APSR)*, vol. 54, 1960, pp. 934–943.

❻　見 Gabriel A. Almond & Sidney Verba, *The Civic Culture* (Boston: Little, Brown, 1965), pp. 316–324.

❼　例如過去在蘇聯，革命後為了建立一個新的社會與創造新的「人」起見，自國校五年到十二年級，38% 的教學時間撥充為政治與社會教育時間；而在美國，同等年級學習政治與社會學科的時間，高達 46%。見 George A. F. Bereday & Bonnie Stretch, "Political Education in the U.S.A. and the U.S.S.R.," *Comparative Education Review*, vol. 7 (June 1963), pp. 9–16.

❽　見 V. O. Key, *Public Opinion & American Democracy* (New York: Alfred A. Knopf, 1961), p. 316.

民教育，乃是有目的地傳授學生政治知識，與灌輸學生公民權利義務等，最重要的一種課程。其他的因素，如教師的教學方式，管教學生的態度等，俟以後有機會再來探討。

　　但國民中小學的公民教育，也有有形 (formal) 與無形 (informal) 的一面。有形的一面，係指公民課程的正式傳授，使學生從教師根據課本內容的傳授，獲得了預備將來成為公民的知識、價值觀念與行為方式等。無形的一面，係指在正式公民課程以外的，而稱之為「公民訓練」的各種活動，如級會、朝會等而言。這種訓練的有無，或方式的得當與否，對兒童政治態度的影響，可能不下於正式公民課程。但在本章裏，這一層面也暫時擱置，俟以後再行研究。因為像這方面問題的研究，單憑問卷測驗，而不輔以參與觀察 (participant observation)，恐不足以瞭解全貌。

　　但何謂正式的公民課程？在目前國小階段，並沒有這一名稱的課程；但在實際上則有之，它包括「生活與倫理」與「社會」兩類的課程。前者旨在傳授有關個人營社會生活應遵守的規範與應接受的價值；而後者的內容則包含了公民、歷史與地理三個部分。換言之，不但包含了對「系統」(system) 環境（物理的與文化的）的認識，也包含了作為一個公民應接受的價值與規範在內。至於在國中階段，史地部分與公民分開，而有單獨稱之為「公民與道德」的公民課程。在民國八十三年以前，臺灣地區各公私立國民中小學，均採同一種課本。因之，在本研究裏，所謂正式公民課程，則係指這些課程而言。惟在這些課程中，有些內容，如個人如何穿衣、如何走路等，乃完全屬於個人生活上應注意的規範，與政治無關，至少沒有太大的直接關係。所以像這些部分，即不在我們考慮之列。換言之，我們所注意者，僅係這些課程的內容與政治有關的部分。

第二節　基本概念與假設

現在各國的公立學校制度，被其權威當局用作達成社會化未來公民的最重要的機構，乃為不爭的事實。而最能反映各該國家政治權威當局在政治方面所希冀達成的目標者，是為教科書，特別是公民或社會政治學科 (social and political studies) 的教科書為然。就以美國為例，據調查現行中學所使用的各種公民及政府課程的課本，發現非常著重民主政治信仰的灌輸。其大部分篇幅放在敘述作為一個好的民主的公民應當如何如何，而且將美國社會描寫成一個樂觀的社會，故意忽略或避免提及對美國政治的批評或爭論之處。像某些重大的社會及政治問題，如黑人民權、犯罪、少年犯罪、節育、掃除貧窮等問題，不是避而不談，就是浮光掠影地提一提而已。

其次，公民與政府教科書的內容，也是高度種族中心論的，同時將美國政府描寫成世界上民主、道德、理性的主要擁護者。至於外國政治制度或意識型態，經常主觀地將其描寫成低劣或不道德的。典型的公民及政府教科書，在討論政府組織與功能方面，也是偏重於法律的與倫理的敘述，也即是將「應然」(what ought to be) 與「實然」(what is) 混為一談。同時在這些方面的討論，也經常忽略了政治行為的社會基礎，以及影響政治角色與決策的文化因素，並且在所有公民及政府課本的每一章之後，皆附有一些偏重於記憶的問答題 (questions)，以作為瞭解課本內容的鎖鑰。對於學生，則要求其記憶或複述課本中向國會法案 (bill) 如何成為法律的法定程序，當選總統的法定資格，或憲法前言的字句。很少注意到如何訓練學生去作批評的思考與解決問題 (problem solving) ❾。

公民或社會政治課程的內容是如此，教授這些課程的教師的教授法又如何呢?

就以美國而言，儘管在義務教育階段，各學校在嘗試灌輸學生以延續美國政治社會為目的之價值與規範，但教授這些學科的教師，很少給予學生分析的機會，藉以發掘在這些價值之外，是否尚有其他的價值存在。例如賈羅斯 (Dean Jaros) 研究肯塔基州 (Kentucky) 中部的高初中學校的社會科 (social studies) 教師的教授法後發現: 固然他們強調公民參與政治的必要性，但他們對於公民如何影響政府行為與決策的方法，則比較忽視❿。

不僅如此，公民社會科的教師們，不但很少鼓勵學生對於政治問題作邏輯上的思考，而且常常對於某些問題早就賦予學生自認為正確的答案，以便於記憶。像這類問題，自然不容許學生有所詰駁。就是對於無一定答案的問題，也不願學生在課堂上辯論。例如齊格勒 (Harmon Ziegler) 調查 803 位俄勒岡州 (Oregon) 的高中教師，即發現大部分教師認為在教室內，並不適宜討論爭論性的問題⓫。詳言之, 73% 的教師感覺他們不應該在課堂裏向學生解釋他們為何喜歡某一總統候選人的理由; 69% 感到不應讓「約翰布奇社」(John Birch Society) 在教室中散發反共著作; 59% 反對讓任何人在教室中宣揚社會主義; 57% 不

---

❾　見 John J. Patrick, *Political Socialization of American Youth* (Washington D.C.: National Council for the Social Studies, 1967), pp. 26–28; Robert E. Cleary, *Political Education in the American Democracy* (Scranton, Penn.: International Text Book Co., 1971), p. 97.

❿　Dean Jaros, "Transmitting the Civic Culture: The Teacher & Political Socialization," *Social Studies Quarterly*, vol. 49 (Sept. 1968), pp. 284–295.

⓫　Harmon Ziegler, *The Political Life of American Teachers* (Englewood Cliffs, N.J.: Prentice-Hall, 1967), p. 8.

允許有反對色情書刊應有檢查制度的批評；54% 不贊成在教室中提出工會應由聯邦政府嚴密管制的觀點；以及 54% 不贊成讓「全國製造者協會」(National Association of Manufactures) 在教室中散佈反共書刊。

　　同樣的態度也表現於小學教師身上。麥克奧萊 (J. D. McAuly) 在調查東部某一州的 648 位小學教師的意見之後發現，其 80% 的研究對象，並未在教室中討論過社會上爭論不休的問題。即使有人做過，所討論的問題也只限於像整潔、離婚等個別的社會問題或差異。像廣泛的或具有重大意義的當前社會問題，則避而不談❷。

　　教師的態度何以會如此？有沒有教師在這方面做過大膽的嘗試呢？如果有的話，其遭遇如何呢？關於前一問題，有的學者認為是由於一般教師的保守態度所致❸。關於後二個問題的回答是：的確有過，但是結果在這些拓荒者之中，有些甚至遭到革職的處分。之所以有這種結果，乃是由於美國社會一般民眾的保守態度所致。他們深怕其子女在接觸到了「骯髒」的實際政治生活之後，會無法選擇他們所認為的「正確」的道路。而不少的教育家們也相信，公民教育的目標在於培養負責的公民，所以他們主張學校應努力從事有計畫地培植實實在在的公民出來。於是在公民或社會科的課程中，自然要特別強調如何培養一個好公民，與灌輸兒童以支持政治系統的價值觀念了❹。凡是與這種觀念衝突的著作，自然要在禁止之列。例如加州某一中學的一位社會科教員名叫 Virginia Franklin 者，即被人向當地教育委員會控以「將共產主義與宣揚民主政治的書籍同時提供學生閱讀，並要他們於

---

❷　J. D. McAuly, "Controversial Issues in the Social Studies," *Education*, vol. 86 (Sept. 1965), pp. 27–30.

❸　Cleary, op. cit., p. 94.

❹　Ibid., p. 92.

閱讀之後，作一判斷的這一舉措，甚為不當」，而幾乎遭到革職[15]。

在這種情形下的公民課程，對於學生的政治態度有無顯著的影響呢？照一般常識來判斷，二者應有密切的連帶關係才對，否則公私立學校中的公民課程，即無設立的必要了。但在實際上如何呢？據美國學者立特氏 (Edger Litt) 調查波士頓市 (Boston) 三所高級中學後發現，公民課程對於學生政治參與的態度很少有影響，惟能減低學生的政治沙文主義 (political chauvinism)，以及增加他們對於民主信條的支持[16]。後來蘭登 (Kenneth P. Langton) 與吉寧斯 (M. Kent Jennings) 二氏在 1968 年的研究中，亦支持上述的說法，而認為「沒有證據可證明公民課程對於大多數的美國高中學生的政治定向 (political orientation) 有重要的影響。僅發現欲升大專者的政治定向，與不打算升學者不同而已。」[17]

惟以上這些發現，並不能完全否定在初級學校（相當於我國國小及國中階段）中的公民教育對於兒童的政治學習的影響。可惜在這一階段，很少有研究報告出現。

但我們可從另一角度來判斷中小學的公民教育在兒童身上所產生的效果。據海斯 (Robert D. Hess) 與東尼 (Judith V. Torney) 的研究，美國初小 (primary school) 的兒童們，對於政治的態度，基本是信任的；高小的兒童的政治信任度則差了，但距離諷世 (cynical) 的地步還相當

---

[15] Ibid., p. 95.

[16] Edger Litt, "Civic Education Norms & Political Indoctrination," *American Sociological Review (ASR)*, vol. 28 (Feb. 1963), pp. 69–175.

[17] Kenneth P. Langton & M. Kent Jennings, "Political Socialization & High School Civic Curriculum in the United States," *APSR*, vol. IXII, No. 3 (Sept. 1968), p. 888.

遙遠。例如八年級的兒童，即不像低年級的兒童那樣地相信總統會關心他們的投書，那樣地認同政治人物，相信政府是沒有錯誤的，或所有的法律均是公平的等等⓲。高中學生的政治信任度又較初中學生的政治信任度為低。據吉寧斯與尼米 (Richard G. Niemie) 的看法，這可能是由於他們逐漸接觸到現實政治生活之故，而降低了不切實際的學校中社會科和政治科學習的效果。因為學校中這些學科的教學內容，總是偏重於倫理、法律或規範的信條之灌輸。所以即將邁入成人世界的高中學生的諷世態度 (cynicism) 程度的突然升高，毫不足怪⓳。這顯然是由於年齡增高，知覺的範圍擴大之故。艾格爾 (Robert E. Agger)、戈爾德斯坦 (Marshall N. Goldstein) 與潘爾 (Stanley A. Pearl) 三人調查俄勒岡州二個中等城市 779 位居民的政治諷世態度之後，證實了年齡增高與諷世態度的增高有直接的關係⓴。

根據以上的研究，我們獲得了二點啟示：

第一、中小學的公民教育（包括社會、政治科的教育），並非全然無效。換言之，在一定範圍內，有相當的效果；超過某一界限，隨著年齡的增長，效果逐漸地減低。

第二、兒童諷世態度的增長，也暴露了公民教育的失敗之處，即

⓲　Robert D. Hess & Judith V. Torney, *The Development of Political Attitudes in Children* (Chicago: Aldine, 1967), pp. 40, 43, 49, 53, 64, 76.

⓳　見 M. Kent Jennings & Richard G. Niemie, "The Transmission of Political Values from Parent to Child," *APSR*, vol. 62 (Mar. 1968), p. 178.

⓴　Robert E. Agger, Marshall N. Goldstein & Stanley A. Pearl, "Political Cynicism: Measurement & Meaning," *Journal of Politics (JP)*, vol. 23 (Aug. 1961), pp. 477–506; Frederic Templeton, "Alienation and Political Participation: Some Research Findings," *Public Opinion Quarterly*, vol. 30 (Summer 1966), pp. 249–261.

公民課程的內容所強調的如與現實社會過分脫節，則兒童吸收了之後，很難持久存在於思想之中而不變的。原因正如美國學者克利萊 (Robert E. Cleary) 所說：「學校並非在真空之中活動的，因之，灌輸簡單化的民主與自由的信仰是不夠的。」㉑所以他又說，一個民主的政體，訓練其未來公民，目標恐不只是要他們成為消極的旁觀者，或接受一些口號而不知為何應用到特殊情況而已。換言之，民主國家的公民教育，應設法幫助年輕一代發展合乎邏輯的分析問題的能力，以使其能夠瞭解其所處的環境是什麼因素構成的，有無改進的可能，用何種方法去改進。因之，一味地灌輸兒童以某種態度與價值，愈來愈顯得十分的短視㉒。

　　以上是美國研究公民教育的情形。反觀我國又如何呢？

　　我國自民國八年以來，即一直在中小學中推行公民教育㉓，並且相當重視這類的課程。課本的內容，一改再改，以配合每一時期的需要。但單方面的灌輸，是否真的能達成編寫公民課本者或權威當局所預期的效果呢？換言之，兒童們對於一般的公民知識，是否依年級的升高而成正比例的增加呢？對於某些傳統價值或社會價值的接受程度，是否也隨著年級的增高而增強呢？對於政治系統的認同感，是否也愈來愈強烈呢？這些問題最值得我們去深入探討。

　　在本章裏，我們認為政治社會化乃是「個人獲取政治的行為定向及行為模式的發展歷程。」㉔而學校乃是個人在家庭之外習取有關政治

㉑　見 Cleary, op. cit., p. 107.

㉒　Ibid.

㉓　見朱之墨，〈今後之教育方針〉，《教育雜誌》，卷 8，期 4。

㉔　有關政治社會化之定義很多，此處我們是採 David Easton 與 Jack Dennis 之定義。見 David Easton & Jack Dennis, *Children in the Political Sys-*

行為定向及模式的一個最重要的場所。個人在學校中學習的方式，亦
有明示 (explicit) 的或故意的與暗示的 (implicit) 或偶然的兩種。所謂明
示的或故意的，是說學校中的教師利用教室或其他正式場合，將權威
當局所希冀的政治價值、規範、喜好及知識等內容，直接灌輸給學生
的意思，其形式是自上而下的灌輸或教導。學校中的公民教育，就是
屬於這一種。至於暗示的或偶然的，是說學生自學校中的獎懲方式、
課外活動，或教師與教師之間，或教師與學校當局之間的人際關係，
學習到對於權威的態度、參與方式、人際關係等應遵守的規範。這種
學習，自教師這一方面來看，並非出之於教師故意的傳授，而是出之
於暗示的或偶然的學習。再從學習者這一方面而言，這種學習大都出
之於自動的模仿，而非由於他人明白的教導。後一種學習所產生的效
果，有時可能大於前一種學習所產生的效果，惟比較不大容易測量而
已。本章所著重的，只是前一種學習的效果。我們相信中小學中的公
民課程的傳授，能增加兒童們的政治知識；由於政治知識的增加，會
提高他們的政治功效意識以及降低其權威主義傾向。無論是增高或降
低，將會隨年級的升高，也即是公民教育的累積而變動。

　　在上述的假定中，很顯然地，我們只研究公民課程的教授對於兒
童政治知識的擴大有無幫助，以及政治功效意識與權威主義傾向有無
提高或降低。至於暗示或偶然的學習部分，則暫不討論。

　　其次，此處所謂的「學校」，限定在現行公立國民中學與國民小學，
或相等於這二個等級的學校而言。

　　第三，在本研究裏，所謂的政治知識或認知而言，係指個人對於
政治事物的知識而言，其中包括對整個政治群體 (political community)、
政治符號 (political symbols)、憲法、政治權威人物、中央政府組織及

tem (New York: McGraw-Hill, 1969), p. 7.

地方政府組織等某些層面的認識。我們特別強調對由選舉產生之機關的認識，與他們對民主規範的認識。這些知識在國中及國小的「社會」及「公民與道德」課程中均有教導。

　　在本章中，用以測量政治知識者，共有十三道題目，每題均有五個選項❷。所構成的量表，最低 0 分，最高 13 分，中位數為 7 分。

---

❷　這十三道題目分別為：

　1.當看到我們的國旗時，你常會想到：

　⑴偉大的國父；⑵偉大的總統蔣公中正；⑶我們的國家；⑷自由、平等、博愛；⑸什麼也沒想

　2.我國現行憲法是：

　⑴民權憲法；⑵三權憲法；⑶四權憲法；⑷五權憲法；⑸不知道

　3.我國的總統、副總統是由：

　⑴立法院選舉的；⑵國民大會選舉的；⑶由各省議會聯合選舉的；⑷由人民直接選舉的；⑸不知道

　4.下面哪一個機關是我國最高法律制訂機關？

　⑴國民大會；⑵立法院；⑶行政院；⑷司法院；⑸不知道

　5.下面哪一個機關，是我國專門負責彈劾政府官員違法失職的機關？

　⑴立法院；⑵司法院；⑶監察院；⑷行政院；⑸不知道

　6.你知道現在的省議員、縣市議員是怎樣產生的嗎？

　⑴由政府任命的；⑵由人民直接選舉的；⑶一半由人民選舉，另一半由政府任命；⑷由執政黨任命的；⑸不知道

　7.保障人民法律上權利的，是哪一個機關？

　⑴警察局；⑵行政機關；⑶法院；⑷議會；⑸不知道

　8.你知道現在的臺北市市長、臺灣省主席是怎樣產生的嗎？

　⑴由人民選舉產生的；⑵由上級政府任命的；⑶由議會選舉的；⑷由執政黨任命的；⑸不知道

　9.我國現在的執政黨是：

　　第四，所謂政治功效意識，乃是指個人認為其政治行動對於政治歷程一定有，或能夠有些影響的感覺**㉖**。凡是有這種感覺者，其對「自我」必定有堅強的信心，也即是「自我力量」(self strength) 較強。

　　在本章裏，用以測量政治功效意識的題目共有五道。這五道題目，乃是修改我們過去所使用過的題目而成的。該五道題目，每題從最同意到最不同意，共有五個等級**㉗**。其量表為最高 5 分，最低 25 分，中

---

　　(1)國民黨；(2)民社黨；(3)青年黨；(4)國、民、青三黨聯合執政；(5)不知道

　　10.下面四人中，誰是我國現在的行政院院長？

　　(1)嚴家淦；(2)蔣經國；(3)謝東閔；(4)徐慶鐘；(5)不知道

　　11.你知道我國大法官會議是做什麼事的機關嗎？

　　(1)審判機關；(2)行政機關；(3)解釋憲法及法律的機關；(4)考試機關；(5)不知道

　　12.我們中國是：

　　(1)一種文化、一個民族的國家；(2)多種文化、多種民族的國家；(3)一種文化、多種民族的國家；(4)多種文化、一種民族的國家；(5)不知道

　　13.我國自滿清中葉以來，一直是：

　　(1)一個強大的國家；(2)一個衰弱的國家；(3)有時強盛，有時衰弱；(4)雖然衰弱，但仍然是一受人尊敬的國家；(5)不知道

㉖ 見 Angus Campbell, Gerald Gurin, and Warren E. Miller, *The Voter Decides* (Evanston: Row & Peterson, 1954), p. 187.

㉗ 這五道題目分別為：

　　1.現在的選舉不見得能夠選出代表民意的人出來。

　　2.國家的事太複雜了，不是我們小百姓所能瞭解的。

　　3.像我這樣的人，在成年後對政府所做的事，沒有什麼影響力。

　　4.就是我成年了，我認為政府官員不會關心像我這樣的人所想的事。

　　5.在我成年後，參加選舉投票，可能是影響政府政策唯一的方法了。

位數為 15 分。

第五，在本章裏，所謂權威主義傾向 (authoritarianism or authoritarian tendency)，主要是指個人在政治態度上，或人格特質上，具有反民主的傾向 (anti-democratic tendency)㉘。有這種傾向者，其政治功效意識可能相對地降低。在本章研究裏，我們只有六道題目，目的在測量權威的侵略 (authoritarian aggression) 與諷世的態度 (cynicism) 兩個權威主義傾向的特徵㉙。其量表為最低 6 分，最高 30 分，中位數 18 分。

根據以上概念與定義，我們在本研究裏，提出了下列幾個假設：

第一、兒童的政治知識，會隨著公民課程學習的累積，也即是年級的升高而擴大。

第二、兒童性別的差異，可能影響到政治學習的成效。

第三、政治知識的增加，可能會連帶地促進兒童政治功效意識的提高，並因而使其權威主義傾向降低。

本章的研究以臺北市景美國小及景美國中學生為抽測對象，從國小四年級到國中三年級為止。年齡自十歲到十六歲。這一階段乃是個人從童年過渡到少年，由少年轉變到青年的時期。不但學習快速，而且也是人格逐漸定型的一個時期，所以最值得我們探討。

㉘ 關於權威主義的意義，詳見 T. W. Adorno et al., *Authoritarian Personality* (New York: Harper & Row, 1950), p. 288ff.

㉙ 這六道題目分別為：

　1.國家的獨立與強大，比個人自由重要得多。

　2.社會的安定與有秩序，比經濟繁榮重要得多。

　3.在集會（班會）中，對喜歡多發表意見的人加以懲罰是對的。

　4.即使有人破壞了班級上所簽訂的清潔公約，也不值得大驚小怪。

　5.科學知識不見得能解決所有的問題。

　6.現在這個社會太亂了，凡偷竊者應加重處罰。

　　景美國小由於男女合班，所以每年級只抽一班。景美國中由於是男女分班，所以每一年級抽兩班。至於班級的抽取，為尊重學校的意見，由各校自行選定。但我們要求的條件是：希望每班或每一年級的男女生人數分配，約略相等，以便於比較，其他變項概不控制。其分配次數及百分數如下（表6-1）：

表6-1　有效問卷的分配次數及百分數

年級	男生	女生	合計	百分比 (%)
國小四年級	31	25	56	11.97
國小五年級	34	24	58	12.39
國小六年級	18	38	56	11.97
國中一年級	40	54	94	20.09
國中二年級	52	53	105	22.44
國中三年級	51	48	99	21.15
合計	226	242	468	100.00

　　其中男女生的人數相差不大（男生226人，佔48.29%；女生242人，佔51.71%）。如以省籍來分，本省市（臺北市）家庭出身者有269人，佔57.48%；外省籍者有196人，佔41.88%；籍貫不詳者有3人，佔0.64%。

　　以下我們將先討論兒童年級、性別等因素對於其政治認知、政治功效意識及權威主義傾向的影響。

第三節　兒童年級與性別對其政治認知、政治功效意識及人格結構的影響

在本節中，我們暫時先處理「年級」與「性別」兩個主變項對於政治認知、政治功效意識及權威主義傾向等三個次變項所產生的影響。

一、年　級

兒童政治社會化的過程，乃是一個學習的過程；這種學習的過程，將會隨著年齡的增長而相對地增長，特別是在學校中接受正規教育的兒童為然。所以兒童政治社會化的過程，實際上也是一個發展的過程。

我國現行學制，從國小二年級開始，即教授「生活與倫理」，到四年級開始教授與從前「公民」相類似的社會。所以從國小四年級到國中三年級為主，公民課程已教授了六年，在理論上，兒童的政治知識，應隨年級之上升而增加才對。我們所得之資料，加以計算的結果，也正顯示出這一趨向（見表 6-2 及圖 6-2）。其差異用簡單變異量分析法 (simple analysis of variance) 檢定的結果，極為顯著 (significance)。這表示代表學習公民課程時數增加的年級的升高，的確能夠增加兒童的政治知識。惟要到國中二年級，其得分的平均數才超過中位數 6.5。國中一年級生的平均數接近中位數；國小三個年級的得分平均數，俱在中位數以下。

表 6-2　兒童年級與政治知識 (*F* test)

年級	政治知識			來源	*SS*	*df*	*MS*	*F*
	人數	平均數	標準差					
國小四年級	56	3.96	1.97	組內	813.94	5	162.79	45.73*
國小五年級	58	5.17	2.29	組間	1640.49	461	3.56	
國小六年級	55	5.96	2.21	全體	2454.41	466		
國中一年級	94	6.15	1.70					
國中二年級	105	7.31	1.79	*df* = 5, 461			* *P* < 0.01	
國中三年級	99	8.11	1.63					

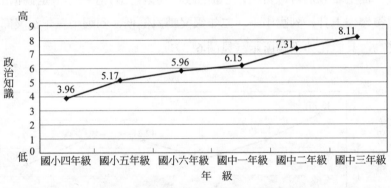

圖 6-2　兒童年級與政治知識折線圖

　　現在我們要進一步追問，年級的升高，也即是公民學習時數的增加，是否也會使兒童們的政治功效意識相對的增高呢？在本節的研究中，我們發現兒童們的政治功效意識，從國小四年級開始，到國中三年級為止，有顯著升高的趨勢，並且其情況較前章❸的研究尤佳（見表 6-3）。同時各年級平均數之間有顯著性的差異 (*P*<0.05)。

---

❸　參見本書第五章。

表 6-3　兒童年級與政治功效意識 (*F* test)

年級	政治功效意識			來源	SS	df	MS	F
	人數	平均數	標準差					
國小四年級	56	13.27 低	7.50	組內	137.29	5	27.46	2.93*
國小五年級	58	12.36	8.37	組間	4322.03	461	9.38	
國小六年級	55	11.64	5.88	全體	4459.32	466		
國中一年級	94	12.21	10.88					
國中二年級	105	12.31	18.62		*df* = 5, 461　　* *P* < 0.05			
國中三年級	99	11.46 高	9.79					

　　從上表我們可以看出，兒童的政治功效意識，在四年級是偏低的，以後慢慢上升，到國中一、二年級又轉為偏低，到國中三年級又開始升高，其變化如下圖所示（見圖 6-3）：

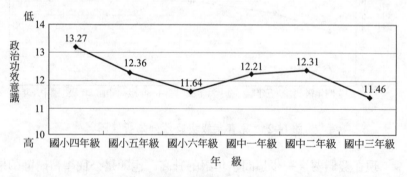

圖 6-3　兒童年級與政治功效意識折線圖

　　最後，兒童的年級升高，其權威主義傾向是否也連帶地升高或降低呢？資料分析的結果，雖然各年級在量表上得分平均數有顯著的差異 (**P*<0.01)（見表 6-4），但在圖上（見圖 6-4）所顯示出來下降的傾向，似乎並不太大。惟六個年級的兒童，在權威主義量表上得分總平均數 (grand mean)18.77 已超過中位數 18。這表示兒童們稍有權威主義

的傾向。自四年級開始即相當地高，到五、六年級稍稍降低，但到國中一年級時，又逐漸上升，以後二個年級仍然保持相同的趨勢，而未再降低。這一趨勢，不知道高中各年級時，是否會再有變化？

表 6-4　兒童年級與權威主義傾向 (*F* test)

年級	權威主義傾向			來源	*SS*	*df*	*MS*	*F*
	人數	平均數	標準差					
國小四年級	56	19.82	7.20	組內	160.73	5	32.15	4.05*
國小五年級	58	17.57	10.53	組間	3661.15	461	7.94	
國小六年級	55	18.31	12.74	全體	3821.88	466		
國中一年級	94	18.86	4.87					
國中二年級	105	18.91	8.24	*df* = 5, 461		*P* < 0.01		
國中三年級	99	18.88	6.80					

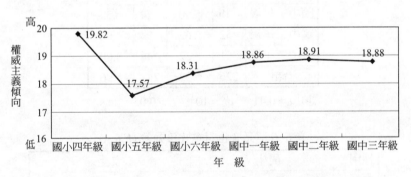

圖 6-4　兒童年級與權威主義傾向折線圖

二、性　別

現在我們再以性別作為主變項，來分析男女生在政治學習上有無產生顯著的差異。就下表所示（表 6-5），無論是男生或女生，其政治學習均是受了年級的影響，即由低年級的低分數向高年級的高分數上

升，而且男女分開，各年級的平均數之間，均有極顯著的差異（見表 6-6）。

第二、但就男、女生六個年級的平均數予以平均後，其得分用 *t* 分配檢定的結果，發現二者並無顯著的差異（見表 6-5）。這表示性別上的差異，在國中及國小階段，並不影響到政治知識的學習。在下圖中（圖 6-5），這種情況更可明白地顯示出來。

表 6-5　兒童性別與政治知識 (*t* test)

年級	男生		女生	
	人數	平均數	人數	平均數
國小四年級	31	4.26	25	3.60
國小五年級	34	5.12	24	5.25
國小六年級	18	6.78	38	5.57
國中一年級	40	5.90	54	6.33
國中二年級	52	7.62	53	7.02
國中三年級	51	8.22	48	8.00
合計	226	6.32	242	5.96

註：　$t = 0.41$　　$df = 10$　　$P > 0.05$　　n.s.

表 6-6　兒童性別與政治知識 (*F* test)

性別	男生				女生			
來源	SS	df	MS	F	SS	df	MS	F
組內	451.07	5	90.21	22.38*	787.48	5	157.50	51.81*
組間	887.12	220	4.03		714.56	235	3.04	
全體	1338.19	225			1502.04	240		
檢定	$df = 5,220$		*$P < 0.01$		$df = 5, 235$		*$P < 0.01$	

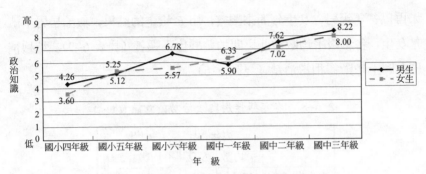

圖 6-5　兒童性別與政治知識折線圖

性別的差異，既然對政治知識的學習沒有影響，對於政治功效意識是否也是一樣呢？我們在前幾章研究的結果，男、女生在這方面有顯著的差異❸。可是在本章的研究中，男生得分的平均數，雖大於女生，但均未越過中位數 15。且用 t 統計量檢定的結果，發現二者並無顯著的差異（見表 6-7）。

表 6-7　兒童性別與政治功效意識 (t test)

性別	政治功效意識		
	人數	平均數	標準差
男生	226	12.24	3.09
女生	241	12.07	3.10

註：$t = 0.53$　　$df = 465$　　$P > 0.05$　　n.s.

如再以各年級男、女生的政治功效意識量表上得分平均數來觀察，也是由低向高上升，但高低之間分數的差距並不太大。析言之，男生最低分與最高分之間，相差不過 1.83，而女生之間相差不過 1.74。然後我們以各班的平均數再平均，所得的平均數也差異不大（見表 6-8）。

❸　參見本書第四、五兩章。

如再以各年級男、女生分開來觀察，用 F 檢定的結果，無論是男生或
是女生，各年級平均數彼此之間的差異也不顯著（見表 6-9）。這種情
形在圖上也顯得相當清楚（見圖 6-6）。

表 6-8　各年級性別與政治功效意識 (t test)

年級	男生		女生	
	平均數	S.D	平均數	S.D
國小四年級	13.61	13.58	12.84	7.14
國小五年級	12.18	16.33	12.63	22.59
國小六年級	11.78	11.48	11.57	9.25
國中一年級	11.98	7.05	12.39	7.90
國中二年級	12.25	6.39	12.38	10.47
國中三年級	11.78	6.53	11.10	5.07
合計	12.26		12.15	

註：$t = 0.28$　$df = 10$　$P > 0.05$　n.s.

表 6-9　兒童性別與政治功效意識 (F test)

性別 來源	男生				女生			
	SS	df	MS	F	SS	df	MS	F
組內	75.57	5	15.11	1.60*	87.26	5	17.45	1.84*
組間	2068.75	220	9.40		2225.83	235	9.47	
全體	2144.32	225			2313.09	240		
檢定	$df = 5,220$		*$P > 0.05$	n.s.	$df = 5, 235$		*$P > 0.05$	n.s.

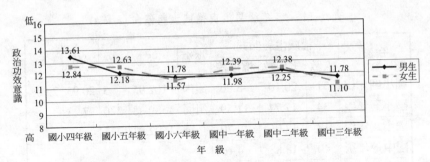

圖 6-6　兒童性別與政治功效意識折線圖

　　最後，就男、女生的權威主義傾向而言，用 t 檢定其平均數是否相等的假設，結果保留虛無假設。也即是說，男、女生的權威主義傾向，並無顯著的差異存在（見表 6-10）。惟無論是男生或女生，其在權威主義量表上的得分，均已超過中位數 (18)，而有偏高的趨勢。再將各年級男、女生分開來檢查，我們發現男生各年級之間的權威主義平均數差距較大，而且相當顯著 ($P<0.01$)；但女生之間，並無顯著的差異（見表 6-11、表 6-12）。

表 6-10　兒童性別與權威主義傾向 (t test)

性別	權威主義傾向		
	人數	平均數	標準差
男生	226	18.76	2.74
女生	241	18.77	2.98

註：$t = -0.04$　　$df = 465$　　$P > 0.05$　　n.s.

表 6-11　各年級男生與權威主義傾向 (*F* test)

年級	權威主義傾向			來源	SS	df	MS	F
	人數	平均數	標準差					
國小四年級	31	20.10	3.96	組內	102.95	5	20.95	2.90*
國小五年級	34	17.74	11.59	組間	1589.88	220	7.23	
國小六年級	18	18.06	9.70	全體	1692.83	225		
國中一年級	40	18.88	4.16					
國中二年級	52	18.62	8.56	*df* = 5, 220			* *P* < 0.01	
國中三年級	51	18.94	6.50					

表 6-12　各年級女生與權威主義傾向 (*F* test)

年級	權威主義傾向			來源	SS	df	MS	F
	人數	平均數	標準差					
國小四年級	25	19.48	11.34	組內	78.86	5	15.77	1.80*
國小五年級	24	17.33	9.36	組間	2053.00	235	8.74	
國小六年級	38	18.43	14.48	全體	2131.86	240		
國中一年級	54	18.85	7.78					
國中二年級	53	19.19	7.93	*df* = 5, 235			* *P* > 0.05	n.s.
國中三年級	48	18.81	7.26					

　　雖然如此，但在圖上（見圖 6-7），除國小四、五年級之外，其餘各年級男、女生看不出有何太大的起伏。

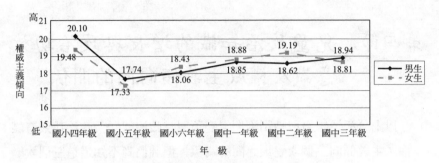

圖6-7　兒童性別與權威主義傾向折線圖

綜合以上的分析，我們在本節可以獲得以下二點結論：

第一、無論是政治知識的學習、政治功效意識的培養，或是權威主義傾向的形成，均與年級的增高有關。換言之，均與學習的累積有關。而政治知識的增加，我們認為與學校中的公民課程的學習累積有關。由四年級的最低分(3.69)到國中三年級的最高分(8.11)，幾成一條四十五度角的直線（見圖6-2）。這表示這類課程的學習時數隨年級而增加，兒童的政治知識也在相對地增加。但政治功效意識與權威主義傾向，雖然也有隨年級而升高與降低的趨勢，但總不若政治知識增加的那樣十分顯著。

第二、雖然男生各年級之權威主義傾向平均得分之間有顯著的差異，但若以全部男生與全部女生來比較，無論在政治認知或是其他兩個變項上，均看不出有何顯著性的差異。換言之，性別並非是影響學習效果的主要因素。

第四節　兒童政治知識的增長與政治功效意識及權威主義傾向間的關係

　　以上分析了年級與性別兩個主變項與其政治認知、政治功效意識及權威主義傾向三個次變項之間的關係，但我們尚不知道這三個次變項彼此之間，有無關係存在。

　　我們在本章前面曾假定：政治知識的增加，可能會促使政治功效意識的提高；而政治功效意識的提高，可能會使權威主義傾向降低。換言之，這三個變項之間，必有某種程度的相關 (correlation) 存在。首先，讓我們看看政治認知與政治功效意識之間，有無相關存在。

一、政治認知與政治功效意識

　　根據以上兩個量表，我們可以看出，如果二者有關係存在的話，應為在政治知識量表上得分高，而在政治功效意識量表上得分低。換言之，二者應為負相關才對。各年級兒童在這兩個變項上的得分，經過運算處理後，得到的相關係數均為負值。但用 F 來檢定 $\rho=0$ $(\alpha=0.05)$ 的假設後[32]，發現除在四年級這一階段，二個變項有顯著的相關外，其餘各年級，二者的相關均不顯著（$\rho=0$ 的假設保留）（見表 6–13）。由這種情形，我們大致可以推論，政治知識的增加，與政治功效意識的提高，二者之間並無積極的關係存在。換言之，兒童政治知識增多，不見得就相信他們將來能夠影響政府的決策或政治歷程。這也表示，

---

[32]　檢查 $\rho=0$ 假設的公式為 $_1F_{N-2}=(N-2)r^2/1-r^2$，見 Hubert M. Blalock, Jr., *Social Statistics* (2nd ed.; New York：McGraw-Hill, 1972), p. 400。

公民課程的傳授，雖可增加兒童們的政治知識，但不見得能夠提高未來公民的政治功效意識。

表 6-13　兒童政治認知與政治功效意識之關係

年級	人數	相關係數 (r)	F	df	顯著或不顯著
國小四年級	56	−0.2948	5.34*	1,54	* $P < 0.05$
國小五年級	58	−0.1357	1.14	1,56	n.s.
國小六年級	55	−0.2348	3.38	1,53	n.s.
國中一年級	94	−0.1688	3.00	1,92	n.s.
國中二年級	105	−0.0452	0	1,103	n.s.
國中三年級	99	−0.1189	0.98	1,97	n.s.

二、政治認知與權威主義傾向

這兩個量表俱為正值。換言之，政治認知程度高，可能權威主義的傾向也高，所以應產生正相關才對。但我們的希望毋寧是，政治認知高，而權威主義傾向低。因為這樣，民主政治才能在我國生根。可是計算的結果，雖然在國小四、五年級及國中一、三年級，二者成負相關，但只有在國中三年級，二者的相關顯著，其餘均不顯著（見表 6-14）。這表示，政治認知的擴大與權威主義傾向的高低，並無太大的關聯。兒童權威主義傾向趨高，可能另有原因。惟到國中三年級時，二者成顯著性的負相關，頗值得我們注意。是否到高中時，仍繼續這一趨向，有待以後的研究去發現了。

表 6-14　兒童政治認知與權威主義傾向之關係

年級	人數	相關係數 (r)	F	df	顯著或不顯著
國小四年級	56	0.1946	2.00	1,54	n.s.

國小五年級	58	−0.1571	1.44	1,56	n.s.
國小六年級	55	−0.1300	1.36	1,53	n.s.
國中一年級	94	−0.0174	0	1,92	n.s.
國中二年級	105	0.0339	0.10	1,103	n.s.
國中三年級	99	−0.2059	4.25*	1,97	* $P < 0.05$

三、政治功效意識與權威主義傾向

　　根據以上的假定，我們期望二者成正相關，即在政治功效意識量表上得分高者（也即是政治功效意識低），其權威主義傾向亦高。經計算的結果，國小四年級至國中三年級，二個變項俱成正相關（見表6-15），而且在國小四、五年級及國中一年級非常顯著。這表示在這幾個年級，兒童的政治功效意識低，而其權威主義傾向高；反之，亦有可能。但這六個年級在兩個變項上得分的平均數，經計算相關，再用 F 檢定 $\rho = 0$ 的虛無假設後，發現二者的相關係數並不顯著（見表6-16）。這意味著，儘管隨著年級升高與公民課程學習時數的增加，兒童們的政治功效意識有升高及權威主義傾向有降低的趨勢，但二者之間並無顯著的關係存在。換言之，無論從政治功效意識來解釋權威主義傾向，或是倒過來，其解釋能力只有 0.22 (r^2)，還有 0.78 ($1-r^2$) 尚有待以其他的變項來解釋。

表 6-15　兒童政治功效意識與權威主義傾向之關係

年級	人數	相關係數 (r)	F	df	顯著或不顯著
國小四年級	56	0.3977	7.433**	1,54	＊＊P < 0.01
國小五年級	58	0.4160	16.589**	1,56	＊＊P < 0.001

國小六年級	55	0.2325	3.025	1,53	n.s.
國中一年級	94	0.2397	7.050**	1,92	＊＊P＜0.01
國中二年級	105	0.0968	0.935	1,103	n.s.
國中三年級	99	0.1185	1.377	1,97	n.s.

表 6-16　六個年級兒童政治功效意識與權威主義傾向之關係

年級	政治功效意識平均數	權威主義傾向平均數
國小四年級	13.27	19.82
國小五年級	12.36	17.57
國小六年級	11.64	18.31
國中一年級	12.21	18.86
國中二年級	12.31	18.91
國中三年級	11.46	18.88

註：$R = 0.47$　$_1F_4 = 1.13$　n.s.

綜合本節的分析，我們看不出這三個變項之間有何顯著的關係（相關）存在。換言之，政治認知的擴張，不見得能提高兒童們的政治功效意識，或降低其權威主義傾向。其次，也可以看出政治功效意識的提高，並不見得能使權威主義傾向降低。它們的升高或降低，可能另有其他的因素。

第五節　結論與討論

本章的研究，旨在從公民課程的學習隨著年級的遞升，來看國小及國中學生是否因學習時數的累積，而擴大政治知識的領域，提高政治功效意識，以及降低權威主義的傾向。我們假定：兒童年級的升高，足以代表公民課程學習時數的累積，所以乃以年級這一變項，作為主

要測量的變項。進行問卷訪問所得的資料，經過處理分析後，我們有下列的發現：

第一、從年級這一變項來分析上述三個次變項，的確可以顯示出某種學習效果出來。析言之，年級的升高（也即是公民學習時數的增加），無論在政治認知、權威主義傾向、或是政治功效意識方面，均有顯著的提高（政治認知與政治功效意識）或降低（權威主義傾向）。但後二者如再以其量表上的中位數來衡量，政治功效意識的總平均數 (general mean) 及各年級的平均數，似均未越過中位數，所以我們可以說，兒童們的政治功效意識仍然偏低。這與我們前二章的研究所獲結論，大致相同。至於各年級兒童在權威主義傾向量表上所得分數的平均數，均已超過中位數；而且到國中階段，並未有再降低的趨勢。這表示兒童們確有權威主義的傾向，這與我們以前的研究所得結論，大致符合。

第二、當我們再以性別作為主變項來分析前述三個次變項時，發現仍呈同樣的趨向，但男、女生之間的差別並不顯著。

第三，當我們求這三個次變項彼此之間的相關時，我們計算出相關係數後再用 F 來檢定，發現並不顯著。這表示政治知識的增長與否，並不能影響兒童的政治功效意識與權威主義傾向的高低。後二者的提高或降低，除了年級這一因素外，可能尚有另外的因素，有待我們去發掘。

總而言之，以上所提出的三個假設，只有第一個假設獲得了驗證，其餘的均難成立，似乎只能在增加兒童的政治知識方面，產生極其顯著的效果，其餘的所產生的效果，則不如前者之甚。原因何在，尚待未來去深入探討。

第七章　我國政治社會化目標的變遷：中小學公民課程內容的分析

第一節　概　說

　　在上章中，我們探討了我國從國小到國中這一階段，公民教育隨著學習時數的增加，的確可增長政治知識與政治功效意識。但在其人格結構上面，卻並不因之使其權威主義傾向隨之降低，反而有升高的趨勢。即使在政治功效意識尺度上面，也並不隨著政治知識的增長，而成正比例的增高。經我們深入分析的結果，發現政治知識的成長，與兒童政治功效意識及其人格的權威主義傾向之間，的確並無關聯。申言之，這二者之所以不能升高與降低，乃是有其他的因素存在。這個其他的因素，非常可能來自於社會文化所構成的這個大環境。因為我們每個人，都在這個大環境中成長，誰都無法逃避得掉它看不見的影響。而社會文化，乃是歷史的產物，愈是歷史悠久，社會文化有機的結合愈是深厚複雜，愈是難以改變。其對於在該歷史文化中生長的個人，影響更是深遠。

　　在本章中，我們無法對我國歷史社會文化這個社會化的大環境加以全面的分析，而只能就公民課程（嚴格言之，只能說是公民課本）

的內容的一些片段，管窺形成政治社會化大環境的某些情況。我們分析的對象，不是接受公民課程教育的個人，而是公民課程本身。但由於國家多變，資料難以蒐集，尤其是公民課本，早期的很難找到，所以只能就各階段的公民課程綱要，以及所能找到的一些公民課本加以分析。雖屬片段，但大體可窺見每一階段政治社會化目標的所在。

第二節　民國以來政治社會化所追求的目標

　　我國乃一歷史悠久、文化積累深厚的國家，但過去一直是一君主專制的國家，歷時二千年以上。民主共和體制的出現，卻是相當晚近的事（1911 年）。民主共和體制所要求的國家目標，當然與過去君主專制不同。

　　在以往專制體制之下，只要求一般人民做一個忠君愛國的「臣民」即可，無須要他們參與政府決策的制訂。事實上，那時一般人民也沒有這個意識。那時的一般人民，只希望有聖君賢相治理國家，使他們有安定富足的生活而已。至少要做到輕徭薄賦、官不擾民即可。至於人民有時鋌而走險、揭竿而起，甚至擁護另一批新興領導分子，以新王朝代替舊王朝者，那多半是由於舊王朝腐敗已至極端，造成嚴重的社會暨政治失序的民不聊生現象。等到新王朝將社會恢復秩序後，一般人民又回復到甘願做個安分守己的臣民的地位。這就是以往中國在君主專制時代，一再重複發生的歷史悲劇。

　　在君主專制時代，也有現今稱之為「政治社會化」的情況存在。那就是在思想觀念上將文化、社會、政治融合在一起，以達到「穩定」、「均衡」的目標。中國人常說的「天地君親師」這五個字，就是表達上述思想觀念的簡單化。申言之，只要每個人都做到敬天法地、忠君

愛國、孝順父母、尊敬師長，社會自然和諧，政治自然安定。這裏面不但包含了一套價值觀念，也包含了與之密切關聯的一套行為規範。人們自幼及長，在家庭與庠序等諸種社會化機構的正式與非正式的薰陶之下，慢慢地內化成為思想觀念，甚至人格結構的重要組成部分。如果人們的行為，牴觸或違反了上述的價值規範，不是受到社會上道德的制裁，就是要受到國法的懲罰。

這種一以貫之社會化的目標與運作方法，可能是以往君主專制體制得以持續下去，歷時二千餘年不變的一個重要因素，且其遺緒迄今似並未被完全清除。

1911 年 10 月辛亥革命，真可說是「開三千年來未有的變局」。世襲的君主專制體制被推翻，代之而起的民主共和體制，乃是中國歷史上所未經驗過的，所以一切均需從零做起，這是何等重大的一件工程。在學校教育方面，何嘗不是如此。

惟此時雖已「共和」了，也即不再有世襲君主存在了，但為民主本質的「民選制度」，根本尚未建立。深刻一點來說，共和體制成為民主共和體制尚屬遙遠。即在一般人民的意識裏，仍然停留在做個順民的階段；幾可說，毫無做一積極參與者的觀念。至於學校教育方面，雖然新制學校已紛紛建立起來，但仍然是在延續清末「富國強兵」的思想。想藉學校來建立民主共和價值與規範的基礎，這一觀念在民國初年，似尚未發生。不僅如此，過去支持民主專制體制的儒家的修齊治平的觀念，仍然深植人心，且被用作教育目標的一個主要目標。例如民國初年九月所頒佈的教育宗旨，即為這種思想的反映。其中規定：「注重道德教育，以實利教育，軍國民教育輔之，更以美感教育完成其道德。」這一宗旨一直延續到民國十年為止。

在這一階段期間，中小學的公民教育，秉於上述宗旨，以修身為

主，而在中小學課程中，均列有「修身」一科。修身要旨，據民國五
年教育部國民學校令施行細則第二條規定：「宜就孝弟忠信親愛義勇恭
敬勤儉清潔諸德，擇其切近可行者授之，漸及於對社會對國家之責任，
以激發進取之志氣，養成愛國愛群之精神。」至於「修身」課本的內容，
不過是宋儒所輯的儒家格言而已。此外尚輔以「讀經」課程，而「讀
經」要旨，「在遵照教育綱要，使兒童薰陶於聖賢之正理，兼以振發人
民愛國之精神。」（民國五年國民學校令施行細則第三條）「讀經」課程
以講《論語》或《孟子》為主。

　　總而言之，在這一階段，政治社會化的目標只是集中在「德行」
與「愛國」這二個項目上面。而這二大項目，不過是復古思想與自日
本傳來的軍國主義思想的合併而已，其中尤以復古思想最為濃厚。至
於民主共和為何物，根本尚未進入政府領導人物的腦海裏，更不用說
一般民眾了。

　　在這一階段，之所以復古思想最為濃厚，《中國教育史》作者陳青
之的話說得最為清楚。他說：

「老實說，辛亥革命，中國只掛了一塊『共和』二字的招牌。
中國社會自海通以來，雖然踏進了商業資本主義，雖然沿海
一帶也有工業資本的萌芽，但因腹地太廣、交通不發達、農
村生活尚佔百分之八十以上。農村經濟既未根本動搖，依附
農村經濟所產生的封建時代的型態──風俗、制度及倫理觀
念等，猶是根深蒂固。民國成立之初，為革命空氣所瀰漫，
為革命砲聲所震動，社會耳目好像煥然一新。民主政治的聲
浪，自由平等的學說，一時喧騰起來，好似中國民族從此換

了新生命。哪知一切封建時代的舊勢力，依然潛伏在農村舊社會裏，觀看風色，侯著時機，好圖恢復。袁世凱就是這個時期的總代表。……袁氏自取得政權後，……即向著舊社會邁進，……於是頒下尊孔讀經的命令，所有昔日的一切風俗、習慣、制度，逐一恢復原狀。這個時侯，中華民國所存留的，只有一方五色國旗及兩字共和招牌。」❶

但在這一段期間，復古主義與軍國民主義的政治社會化目標，並非沒有受到挑戰。早在民國五年，即有人提倡「公民教育」。當時教育言論者朱之墨對於何謂「公民教育」說得最清楚。他說：

「所謂公民教育非他，乃確認個人為組織國家之分子，而藉教育訓練之力，以完成其堪任公民之資格而已。換言之，即在喚起國家觀念，以矯正其淡冷國事之弊，使之對於國家有獻身奉身之精神，對於一己有自營自主之能力，此公民教育之義務也。……如何而擁護此國體？如何而擁護此政體？使之名副其實，且避免一切險象，以奠國基於磐石之安，實不能不唯公民是賴，然則公民教育之尤切於我國，益可知矣。」❷

自公民教育的觀念提出後，漸成為一股浪潮，從前各學校的「修身」科目，逐漸為「公民學」的科目所取代。從民國八、九年以後，全國各學校課目表上，再也找不到「修身」二字了。由此可見，這股浪潮

---

❶　陳青之，《中國教育史》，臺北：商務，民國五十五年，頁650。

❷　見朱之墨，〈今後之教育方針〉，《教育雜誌》，卷8，號4，民國五年。

力量是多麼的巨大。

　　首先主張改變民初教育宗旨者，是為由留美學生為中堅的「中華教育改進社」。他們受了美國哲學家杜威的平民教育思想影響，主張教育應以「養成健全人格，發揮共和精神」為宗旨。到民國八年四月，教育調查會蔡元培、范源濂等關於教育宗旨亦以上述十二個字為宗旨，並加以六條說明。其原文如下：

> 「所謂健全人格者，當具下列各條件：(1)私德為立身之本，公德為服役社會之本。(2)人生所必需之知識技能。(3)強健活潑之體格。(4)優美和樂之感情。
>
> 所謂共和精神者：(1)發揮平民主義，俾人人知民治為立國根本。(2)養成公民自治習慣，俾人人能負國家社會之責任。」

這些宗旨作為民國公民教育目標，可說再確當不過。同年七月，全國教育聯合國會第五次會議，想將上述宗旨定為國教本義，惜未被採納施行。惟到民國十一年，所謂的壬戌學制，制訂了七個改革學制的標準，其中有幾條接納了民國五年以來要求改革教育的觀念，例如「發揮平民教育精神」、「謀個性之發展」、「注意國民經濟力」、「注意生活教育」等四項，似已注意到做一現代公民的要求了。

　　民國十六年，國民黨北伐成功，國民政府奠都南京，明定三民主義為教育宗旨。但將其具體化的，是為民國十七年的第一次全國教育會議。在該次會議中，根據三民主義的基本精神，制訂教育宗旨如下：

> 「恢復民族精神，發揮固有文化，提高國民道德，鍛鍊國民體格，普及科學知識，培養藝術興趣，以實現民族主義。」

「灌輸政治知識，養成行使四權之能力；闡明自由界限，養
成服從法律之習慣；宣揚平等精神，增進服務之道德；訓練
組織能力，增進團體協作之精神，以實現民權主義。」

「養成勞動習慣，增高生產技能，推廣科學之應用，提倡經
濟利益之調和，以實現民生主義。」

「提倡國際正義，涵養人類同情，期由民族自決，進於世界
大同。」

此類決議，於同年八月由大學院呈請中央政治會議通過，到十八年一
月，第三次全代會重新予以規定。其原文為：

「中華民國之教育，根據三民主義以充實人民生活，扶植社
會生存，發展國民生計，延續民族生命為目的，務期民族獨
立、民權普遍、民生發展，以促進世界大同。」

惟自民國十八年到二十一年為止，中小學的公民課程，一直稱之為「黨
義」，教授三民主義。直到民國二十一年修訂中小學課程標準時，才分
別將其改為「公民」與「公民訓練」等名稱。但其實質精神，仍本上
述宗旨。

民國二十年九一八事變後，日本帝國主義侵華野心日益暴露，而
中共復稱兵割據於江西南部，可謂內憂與外患一時俱來。當時蔣委員
長深深覺得國家之治亂，實繫於人心之振靡，而要達到抵禦外侮與復
興民族之目的，必須要從復興固有道德，革新國民生活做起不可。於
是乃於民國二十二年二月，在江西南昌倡導新生活運動。其主要目的，

即在於轉移風氣，發展民德，掃除社會上各種腐敗惡習，培養社會活潑生機。

新生活運動是以「禮義廉恥」為其基本精神；以「軍事化、生產化、藝術化」為中心目標；以「整齊、清潔、簡單、樸素、迅速、確實」為實施原則，要求全國國民實現之於「食、衣、住、行」等日常生活之中，而完成其現代國民的修養，以奠定新中國的基礎。

自新生活運動開始後，教育之社會化的內容又為之擴大。一直到民國三十四年秋抗戰勝利為止，公民教育非常重視「禮、義、廉、恥」為中心的生活規範訓練。其終極目標，不過是想實現國民生活的現代化而已，從而改善國民的素質，使他們成為現代國家的「公民」。

抗戰勝利後，於民國三十六年行憲。在憲法中特列專節（第十三章第五節）規定國家的教育文化政策。憲法第一百五十八條規定：「教育文化應發展國民之民族精神、自治精神、國民道德、健全體格與科學及生活智能。」是項規定，在精神上與民國十八年的教育宗旨，並無多大出入。蓋基本上這部憲法是根據孫中山先生遺教而制訂的，所以在教育宗旨上，儘管在文字的表達方式不同，在實質上乃是一以貫之的。

由於憲法的頒佈施行，在教育方面，公民課程內容勢必隨之調整不可，那就是如何將民主憲政有關的知識納入課本之中。且在公民訓練方面，更要強調如何訓練國家未來的主人翁行使四權的問題。否則，民主憲政的落實，那只是徒託空言而已。

但行憲之時，正是內戰擴大激烈之際，根本談不到憲政的全面施行。且憲法公佈施行不久，大陸河山即告全面淪陷。政府遷臺後，行政院於民國三十九年三月三十日向立法院提示施政方針，關於教育政策方面，提出：

「發揚互助博愛的國民道德，消弭階級鬥爭的思想，以根除共產主義的毒素，堅定反共抗俄必勝的信心。」

嗣後，教育部復據之於民國三十九年五月，訂定「戡亂建國教育實施綱領」。其中主要的是為加強中小學公民、史地，及專科以上學校三民主義的講授，闡發三民主義思想與戡亂建國之意義。而中小學課程為配合這一政策，於民國四十一年曾作局部的修正。其中中小學公民教材的修正，特別注重民族精神的發揚。

民國五十一年，政府當局覺得大陸中共政權所作所為都在破壞我國固有文化與倫理道德，而認為反共之道，厥在反其道而行，即在於復興我國固有文化，恢復固有倫理道德。於是在民國五十一年修訂中小學課程標準時，關於國校部分，將以前列入社會科的「公民知識」與「公民訓練」合併，改稱為「公民與道德」，其目標有三：

(1)培養道德觀念，以陶冶善良品行，發揚民族的固有道德。

(2)養成兒童優良的習慣，使知應對之禮、進退之方、起居規律、保健衛生等，以奠定日常生活行為的基礎。

(3)輔導兒童獲得現代公民知識，使能樂群合作、負責守信，以期弘揚個人對於社會國家的貢獻。

在初中（當時尚未改名為「國中」）部分，亦是偏重於兒童道德信念的培養，其目標有四：

(1)奠立以四維八德為中心的道德信念，以發展健全的人格。

(2)指導實踐修己善群、持家處世、濟人利物的生活規範，並使成為習慣。

(3)灌輸有關個人、家庭、學校、社會、國家及世界的基本知識。

⑷激發人性的自覺，培養民主的信念，並增強民族意識、國家觀念及大同精神。

至於高中公民，亦與國校及初中「公民」一樣，偏重於體認及實踐我國固有道德及現代社會生活規範；其次才是有關社會、政治、經濟、道德、文化等知識的灌輸，培養參與團體活動的興趣及知能，以及在實踐公民對社會、國家、民族及世界人類應負的責任中，培養其正確的人生觀。

民國五十七年，由於國民教育延長為九年，於是又修訂教材，將原有的「公民與道德」改為「生活與倫理」，而國民中學（原來的初級中學）則採用新編的「公民與道德」，其餘則未有變動。惟「生活與倫理」在內容上與以前的「公民與道德」並無多大差別；而國民中學的「公民與道德」則比較偏重於「公民知識」的部分。

其後，雖陸續有所修訂，至民國八十三年為止，其基本架構與大方向，則並未有太大的變動。

總括來說，自國民政府定都南京以來，政治社會化是以實現三民主義的理想為其目標。其後，雖歷經抗戰、勝利後的內戰等階段，容或為適應時代之需要，而在重點方面有所調整，但在實質上並未超越三民主義的理想範圍。例如在抗戰時期及「動員戡亂」時期，特別重視民族精神的提振及固有道德的發揚，就是在實現民族主義；政府遷臺以後，推動地方自治與地方選舉等措施，就是在實現民權主義；實施三七五減租、耕者有其田等政策，就是在實現民生主義。這三大理想目標，就是為了推動國家的現代化，使國家在未來真正成為一個「現代」國家。

公民課程的內容，是否充分反映了上述「理想」的目標？這是我們在本章研究中所欲探究的問題。

第三節　各階段公民課本的內容分析

一、分析方法

做公民課程的內容分析，必須要有一套嚴謹的分析類目才行。我們在此處是根據伊士敦 (David Easton) 與海斯 (Robert D. Hess) 的分析架構。他們認為：

> 「在政治範圍內，上一代傳給下一代的內容，是謂之政治定向 (political orientations)。政治定向包括政治知識、政治態度與價值標準。年輕人在其環境中從他人處獲得基本定向的歷程，是謂之政治社會化。現在的問題是：基本的政治定向，是經由何種社會化歷程，以及關涉何種目標而流傳於後世的?」❸

他們說明了什麼是「政治社會化」之後，又進一步指出，政治社會化再加上其他因素，為政治系統 (political system) 的穩定與變遷的主要原因。換言之，一個政治系統一旦成立以後，為了繼續生存下去，就必須教育下一代，以剷除過去效忠於地方或舊勢力等的意識，轉而認同與效忠新的政治權威。所以沒有哪一個新興的國家或新建立的政治系統，不設法透過政治社會化的過程，特別是學校教育體制，來改變國家未來主人翁的政治態度。其中牽涉到三個主要對象，即「政治群體」

❸　見 David Easton and Robert D. Hess, "The Child's Political World," *Midwest Journal of Political Science*, vol. 6, 1962, p. 229.

(political community)、「政治典則」(political regimes) 與「政治權威當局」(political authorities)。

所謂「政治群體」，是指在政治系統中的每一分子，皆有同處一個「群體」的意識，其與國家認同 (national identity) 的意義相同。而「政治典則」，則係指政治決策賴以制訂與執行的有形與無形的組織，以及合法的行為規則。至於「政治權威當局」，是指具有束縛力的決策制訂者與執行者。

上述三類政治對象，皆可發生三種政治定向。二者合併起來，可成為下列分析架構❹（見表 7–1）。

表 7–1　公民課程內容分析架構

政治系統之	基本政治定向		
構成部分	知識	價值	態度
政治群體			
政治典則			
政治權威當局			

惟在本章研究中，凡屬於國家或民族的知識、價值、愛好或態度等，均包含在「政治群體」的概念中。而有關政府決策機關的組織與程序，如中央政府與地方政府的組織及其決策和執行程序等，均包含在「政治典則」的概念之中。至於「政治權威當局」則包括各級政府的首長，甚至締造民國的國父孫中山先生，亦可包括在一分析類目之中。

但上述分析類目，不一定完全概括公民課程的內容，所以我們又加上葛林斯坦的分類，即將政治學習分成專屬於政治範圍內的學習，

---

❹　Easton & Hess, op. cit., pp. 229–246.

與政治有關的學習兩大類。凡不能歸類於上述九個類目中者，概納入「其他」項下，蓋即表示，那只是與政治有關的學習而已。

　　由於公民課本皆是根據部頒的標準所編寫，而且均是送部審定後而發行的，所以實無必要將每種課本俱予以分析。在每一時期選一種課本來作分析即具代表性。

二、資料來源

　　由於年代的久遠，再加上動亂頻仍的關係，資料蒐集著實不易，所以不但民國初年到北伐以前的「修身」與「公民」課本無從找到，即使在北伐以後的公民教科書也很稀少。因之，只好將民國初年至北伐這一階段略去。好在於上節中已有說明，所以略去也無太大關係。

　　在北伐以後，至抗戰勝利前的各種公民課本，所收集到的也殘缺不全。現在收集到的計有十六種，共四十一冊，包括訓政時期、抗戰時期、行憲時期以及動員戡亂時期四個階段在內。惟在訓政時期，只有高中公民而無初中及小學公民教材；在抗戰時期，只蒐集到初中公民教材；行憲及動員戡亂時期由於時間較近，高初中的公民教材均甚齊全，惟小學的公民課本比較缺乏，所能蒐集到的只有一種。資料雖不夠完整，但經縝密分析之後，大體可瞭解每一階段政治社會化的重點。

三、內容分析

　　在說明了分析方法之後，以下將分析每一階段公民課本的內容。

㈠北伐以後至抗戰爆發前的「訓政」時期

　　在這一段時期，我們以薩孟武及應成一所編著的《高級中學公民》（民國二十五年，正中版）為代表，該公民課本的中心目標為「恪遵

黨義，隨處發揮，務使學生認識中國國民黨主義、政綱、政策，為解決社會問題之唯一途徑」，並「養成其對於復興民族之責任心」❺。基於上述目標，該公民課本的內容，經分析後，其重點顯然放在「群體」也即國家民族的知識與價值上面，二者相加高達89%（見表7–2）。而且他們對於當時中國社會的描述，頗為真實，指出傳統社會的種種黑暗面，毫不避諱。這與後來倡導復古，掩蓋舊社會的缺失，不可同日而語。

表7–2　訓政時期高中公民課本重點分析

分析類目	基本政治定向							
	政治知識		政治價值		政治態度		總計	
	N	%	N	%	N	%	N	%
政治群體	21	72.5	5	17.2	0	0	26	89.7
政治典則	3	10.3	0	0	0	0	3	10.3
政治權威當局	0	0	0	0	0	0	0	0
總計	24	82.8	5	17.2	0	0	29	100

㈡抗戰時期

在這段時期，我們以王鴻俊等編輯的《初中公民課本》為代表（民國三十一年出版）。這個教本是根據民國二十九年七月，教育部公佈的「修訂中小學公民課程標準」而編輯的，所以毫無疑問要反映抗戰時期的國家目標。同時在這一時期，仍屬於國民黨專政的「訓政時期」，所以抗戰前以三民主義為中心的公民教育宗旨，仍然在繼續著。這在該公民課本的內容中，反映得最為清楚。在課本第一講「公民的意義及其信守」九課中，闡釋三民主義的地方，就有四課之多。其次，在

❺　薩孟武、應成一合著，《高級中學公民》（正中，民國二十五年），第一冊，頁2。

抗戰時期中所提的新生活運動，國民精神總動員綱領，勞動生產教育等政策，均列入該時期的公民課本之中。第三，至於權威人物的認識與崇敬，此時已將蔣主席列入課本之中了。總之，此時不論在政治知識或政治價值等方面，均偏重在政治群體方面，達61％之多（見表7-3）。

表 7-3　抗戰時期初中公民課本重點分析

分析類目	基本政治定向									
	政治知識		政治價值		政治態度		其他		總計	
	N	%	N	%	N	%	N	%	N	%
政治群體	32	38.1	15	17.9	4	4.8	0	0	51	60.7
政治典則	26	31.0	1	1.2	0	0	0	0	27	32.1
政治權威當局	2	2.4	0	0	0	0	0	0	2	2.4
其他	0	0	0	0	0	0	4	4.8	4	4.8
總計	60	71.4	16	19.0	4	4.8	4	4.8	84	100

㈢三十七年行憲後至三十九年中央政府播遷臺灣以前

　　這段時間很短，公民課本的內容除增加有關民主憲政的知識外，其餘的重點與前一時期無太大差異。在四十一年由臺灣正中書局出版，林紀東編寫的《公民》可為代表。該書共分六編、三十三章。其重點分析如下表（見表7-4）：

表 7-4　行憲後高中公民課本重點分析

分析類目	基本政治定向									
	政治知識		政治價值		政治態度		其他		總計	
	N	%	N	%	N	%	N	%	N	%
政治群體	18	54.5	2	6.1	1	3.0	0	0	21	63.6
政治典則	5	15.2	1	3.0	0	0	0	0	6	18.2
政治權威當局	0	0	0	0	0	0	0	0	0	0

| 其他 | 0 | 0 | 0 | 0 | 0 | 0 | 6 | 18.2 | 6 | 18.2 |
| 總計 | 23 | 69.7 | 3 | 9.1 | 1 | 3.0 | 6 | 18.2 | 33 | 100 |

　　從上表分析中，我們可以看出，中學的公民仍然偏重「群體」知識與價值的灌輸，與前期相比，重點差別不大。

㈣四十一年以後至五十年以前

　　四十一年以後，由於大局勢整個改變，政府在政策方面特別強調反共與復興固有文化，以為只要恢復傳統道德倫理，就可以達到實質上反共的目標。所以，在這一段時期，又產生一股濃重的「復古」氣氛。有的大學甚至開設了「讀經」的選修課程，由此可見一斑。其次，在這一段時期，臺灣已實施地方選舉與土地改革等政策，這二者勢必也要反映到公民課程之中。雖然如此，總的來說，為了凝聚內在的向心力，在這段期間，似更強調「群體」的意識。

　　以下我們將以林紀東所著《高職公民》(正大書局，五十三年再版)，以及溫麟、陶唐合著的《初中公民》(世界書局，四十六年版) 為代表來作分析。

　　⑴溫、陶二人所編的《初中公民》教材，計分六大單元，即公民與學校、公民與家庭、公民與社會、公民與地方、公民與國家、公民與世界。大部分仍偏重於在「群體」之下，有關公民知識的傳授。至於有關「政治典則」，也即公民如何行使權利的「遊戲規則」(rule of game) 著墨最少（見表 7–5）。

表 7-5　溫、陶初中公民課本重點分析

分析類目	基本政治定向							
	政治知識		政治價值		政治態度		總計	
	N	%	N	%	N	%	N	%
政治群體	18	60.0	11	36.7	0	0	29	96.7
政治典則	1	3.3	0	0	0	0	1	3.3
政治權威當局	0	0	0	0	0	0	0	0
其他	0	0	0	0	0	0	0	0
總計	19	63.3	11	36.7	0	0	30	100

(2)林紀東的《高職公民》亦分為六大單元，即公民與社會、公民與政治、公民與法律、公民與經濟、公民與人生，以及公民與文化。其內容除偏重於在「群體」之下的公民知識之外，亦將「動員戡亂時期」的基本國策中，有關臺灣實施平均地權及地方自治的政策編入於教材之中（見表7-6）。

表 7-6　林紀東高職公民課本重點分析

分析類目	基本政治定向									
	政治知識		政治價值		政治態度		其他		總計	
	N	%	N	%	N	%	N	%	N	%
政治群體	19	41.3	2	4.3	1	2.2	0	0	22	47.8
政治典則	8	17.4	1	2.2	0	0	0	0	9	19.6
政治權威當局	0	0	0	0	0	0	0	0	0	0
其他	0	0	0	0	0	0	15	32.6	15	32.6
總計	27	58.7	3	6.5	1	2.2	15	32.6	46	100

㈤五十一年以後

自五十一年以後，大致繼續以前的趨勢，惟更加著重於生活規範

方面知識的灌輸。

⑴例如民國五十四年由公立編譯館所編的《公民與道德》(國校高年級適用) 第一冊的課文，即強調生活規範的重要性。而且每一課文均與中心德目如誠實、勤儉、孝敬、友愛、睦鄰、守法、愛國等配合施教。由此可見，在國民學校階段，公民訓練與行為規範的教育是合在一起的，而且所佔比重甚高，佔 62%（見表 7-7）。

表 7-7　國校「公民與道德」課本重點分析

分析類目	基本政治定向									
	政治知識		政治價值		政治態度		其他		總計	
	N	%	N	%	N	%	N	%	N	%
政治群體	8	20.0	3	7.5	1	2.5	0	0	12	30.0
政治典則	1	2.5	1	2.5	1	2.5	0	0	3	7.5
政治權威當局	0	0	0	0	0	0	0	0	0	0
其他	0	0	0	0	0	0	25	62.5	25	62.5
總計	9	22.5	4	10	2	5.0	25	62.5	40	100

⑵至於初中公民的重點，是放在「個人」、「家庭」、「學校」、「社會」、「國家」、「世界」六個目標上，每一目標也與基本德目相配合。由「中學標準教科書公民科編輯委員會」所編的《初中公民》(臺灣書店，五十四年版) 就是如此。雖然從「個人」開始，但其終極目標，仍然放在「群體」的意識上面，佔 83% 之多（見表 7-8）。

表 7-8　初中公民課本重點分析

分析類目	基本政治定向									
	政治知識		政治價值		政治態度		其他		總計	
	N	*%*	*N*	*%*	*N*	*%*	*N*	*%*	*N*	*%*
政治群體	21	35.0	23	38.3	6	10	0	0	50	83.3
政治典則	1	1.7	0	0	0	0	0	0	1	1.7
政治權威當局	0	0	0	0	0	0	0	0	0	0
其他	0	0	0	0	0	0	9	15.0	9	15.0
總計	22	36.7	23	38.3	6	10	9	15.0	60	100

(3)至於在這一時期的高中公民教材，重點是放在道德修養、社會經濟、政治法律與文化等四個單元上面，其中尤偏重於道德修養。惟就其內容而言，群體知識部分仍佔很大比例 (73%)。茲以標準教科書為代表分析如下（見表 7-9）：

表 7-9　高中公民課本重點分析

分析類目	基本政治定向							
	政治知識		政治價值		政治態度		總計	
	N	*%*	*N*	*%*	*N*	*%*	*N*	*%*
政治群體	25	73.5	8	23.5	1	2.9	34	100
政治典則	0	0	0	0	0	0	0	0
政治權威當局	0	0	0	0	0	0	0	0
總計	25	73.5	8	23.5	1	2.9	34	100

第四節　結論與討論

以上我們概略分析了五個時期公民課程（本）所反映的國家政策

取向的重點。雖說所取資料不夠完整，且缺乏系統化，但可看出其大趨向。

　　第一個趨向為強調「群體」意識的灌輸。「群體」主義就是一般所稱的「集體主義」(collectivism) 意識。在許多新興國家，不論是由過去的王政專制，經由革命或政變轉化為共和體制，或由殖民統治轉化為獨立國家，無不強調以「集體主義」從事「族國的建立」(national-building)。我國自不例外。我們過去所強調的乃是「天下」的觀念，而無現代所謂的「族國」(nation state) 的觀念。「天下」的觀念，雖也有「武力」所及的涵義在內，但其中更有「文化」的涵義在內。所謂「入中國則中國之，入夷狄則夷狄之」(《論語》) 就是這個意思。要想改變舊的「天下」觀念，變成現代的「族國」意識，自然要利用現代學校制度作為「社會化」的工具不可。公民課程的目標，即在於此。北伐以後的公民課本，大致反映了這一強烈趨勢。雖然在公民課本中，有時也強調個人應如何如何，那只是為個人經營社會這一集體的生活之所需條件而已，並非在於強調個體的存在價值如何。建立「集體」——社會與國家——乃是為了實現個人存在的價值目標，我們遍觀所蒐集到的公民課本，幾無一冊是從這一觀點來闡述的。

　　第二個趨向是由反傳統走向擁抱傳統。國民黨的「北伐」，表面上是一軍事行動，實質上含有反傳統與反舊體制運動的涵義在內。例如定都南京後，最初曾一度不准市民過農曆年與放鞭炮，就是代表了這種革命的激進意識。但一俟政局稍稍安定，舊傳統與舊體制又悄悄恢復了起來，當政者不得不順應這一趨勢，在舊傳統的基礎上，凝聚人心、團結舊勢力，以推動政令。所以，國民黨政權自民國二十二年推行「新生活運動」開始，逐漸向傳統靠攏。抗戰勝利後與共黨爭霸中原，失利後退守臺灣，更是藉「復興中國文化，恢復固有道德」之名，

擁抱傳統。將原先小學中的「公民」改為「生活與倫理」，將初中「公民」改為「公民與道德」，就是這種傾斜意識的反映。

　　第三個趨勢為太過於忽視「政治典則」方面的闡發。自民國三十七年現行憲法公佈施行後，不問是否由於內戰的緣故，從而實施「動員戡亂」，但毫無疑問地已進入「憲政時期」。此時如何實施「憲政」？「憲政」為何物？理應成為學校中公民教育的內容。可是在實際上，這一方面的知識與價值，在各級公民課本中，所佔比重極其薄弱。在我們分析各個時期的公民課本中屬於「政治典則」的部分，所顯示出的情形，就可支持我們上述的看法。本來所謂的「民主憲政」，乃是一套與過去專制政治截然不同的政治「遊戲規則」(rule of game)。一般人民如不熟悉這套「遊戲規則」，並從而照這套規則去經營政治生活，則高唱「民主憲政」不過是徒託空言而已，根本沒有實際的意義。而在這時期的政治社會化，就是要善用各種途徑或工具，將這套「遊戲規則」灌輸到人民腦海之中，並成為其生活方式 (form of life) 的一個不可分的部分才行。可是實際上，我們所看到的公民教科書的內容，並非如此。這也許並非是主政者故意如此，而連他們都尚未有這種意識。這是否就是中國的民主憲政步調何以一直欲說還休、遲緩不前的一個主要原因，實值得我們深思。

第八章　結論與啟發

第一節　以上各章的總結

綜合以上各章的研究分析，我們可以得到下列幾點結論：

第一、我國兒童在政治知覺方面，的確是隨著其受教育的年齡（年級）的增長而增長，這與美國的研究發現大致相同（參見本書第三章）。

第二、我國兒童在政治功效意識上面，發現並未隨年齡（年級）的增長而增長，反而年級愈高，政治功效意識有逐漸偏低的傾向（參見本書第四章）。

第三、我國家庭，特別是中產階層的家庭，在教養子女的教養方式方面，均有寬容的傾向。雖然如此，但是在兒童的人格上面，卻有趨於權威主義或獨斷主義 (dogmatism) 的傾向。何以致此，乃是最值得深思的問題（參見本書第四章）。

第四、我們的研究發現，家庭政治化 (politicization)，也即是有能力且有興趣接觸各種新聞媒體的家庭，乃是促進其子女政治功效意識增高的一個主要因素。可是其對於兒童的人格結構並無影響。換言之，經測量的結果，兒童的人格結構，仍然有權威主義的傾向，且年齡（年級）愈高，這種傾向愈高（參見本書第五章）。

第五、我們從學校公民教育的角度去分析，發現學校公民教育時數的累積，確有促進兒童政治知識增長的顯著效果。但其對於提高兒

童政治功效意識與降低其權威主義傾向兩方面，其影響並不顯著。這表示兒童的人格權威主義傾向的形成，可能另有因素存在（參見本書第六章）。

第六、在我們分析了中小學公民課本之後，發現我國自北伐以後，特別強調「群體」意識，也即「集體主義」觀念的灌輸，目的在建立一個現代的統一國家，期望在這個統一的國家之內，不問其原來的文化為何，血統為何，不再有國家認同上的問題。

但統一國家的建立，在內部多民族混居的情況下，不但並非易事，而且需要很長的時間，才能見到效果。中小學公民課程反映這種趨勢，乃是自然不過之事。然而隨著建立統一國家的需要，再加上激進的共產主義在中國的興起，成為一股壯闊的波濤之後，又激起返回傳統的反應。因之，從民國二十年九一八事變開始，藉著「新生活運動」之名而興起的「新傳統主義」運動，慢慢興盛了起來。自是而後，重視固有道德的復興，也納入中小學的公民課程之中了，其影響直至現在似仍未完全衰退。

第二節　從研究結論所獲致的啟發

在我們勾弦提要了本書各章的研究結論之後，我們要進一步追問，這其中究竟有何種意含 (implications)？申言之，何以兒童們不太相信他們在成年後會影響政府的決策？何以他們的心態 (mind) 趨向於封閉？何以他們的人格結構有權威主義或獨斷主義的傾向？這均非我們在本書各章研究中所找到的自變項 (independent variables) 所能解釋的。即使有些自變項確有影響，但其解釋力卻非常薄弱，也可以說其影響力極其微小。

　　何以如此? 這恐怕要從宏觀 (macro) 的層次去尋求解答不可。這種解答，我們只能說是一種「啟發」；它不是知識，也即仍存待於他日通過研究來求證。

　　首先，我們從各個時期的公民課本片段分析中，發現有相當高的「集體主義」意識表現於課文之中。所要求於個人者，乃是「犧牲小我，完成大我」；個人的價值，乃是以完成「集體」的價值而存在。或者將「小我」擴充到「大我」，個人本身存在的價值，只有在「大我」中才得以實現。從未主張「大我」的存在，是為了實現「小我」存在的價值。

　　在這個前提之下，「個人」相對於「集體」而言，自要求「順服」(conformity)「集體」所定的價值與規範，如此「集體」才可以持續生存下去，否則就是所謂「離經叛道」。在家庭的要求是如此，在社會與國家的要求也是如此。所以，在中國沒有西方所謂的「個人主義」(individualism) 存在。即使儒家講求個人「修身」，那也是為了要「齊家」；「齊家」也不是為了「家庭」本身，而是為了要治國；治國是為了要平天下。這裏即蘊含了「群體」或「集體」的重要性超過「個體」。所以，儒家思想固然以「人本主義」為基礎，實質上乃是「集體主義」下的「人本主義」。

　　在「集體主義」籠罩之下的中國社會，從孝親、尊師到忠君，無處不講求「順服」。所以，過去二千餘年來的中國社會，一直就是權威主義的社會。而政治系統不過是生存於社會文化環境中的系統 (system) 而已，不可能不反映社會文化的特質。第蘭初 (Gordon J. Direnzo) 於分析當代義大利政治人格、權力與政治的關係時，即指出義大利過去君主專制的歷史遺跡，以及義大利的社會文化，基本上是權威主義的，這些因素也反映到政治上去。因之，義大利包括政治人物的國民

性 (national character)，自難免有權威主義的傾向❶。換言之，在這種社會文化中成長的個人，受整體環境社會化的影響，其人格結構如何不具有權威主義或獨斷主義的傾向?即其心智具有封閉和僵固的特徵，對有權威者順服，對無權威者傲視，而且對權力表現出渴求的強烈慾望。

不過，權力 (power) 乃是稀少的價值，而且就好像財富一樣，常掌握在少數人之手，不是人人想得到就可得到的。想得到而得不到時，不是冷淡疏離，就是趨於偏激極端。社會上能夠採取極端途徑者，畢竟是少數。社會上多數人，常採取冷漠疏離的態度，來面對政治權力宰制的問題❷。生活在這樣家庭中的個人或兒童，自難免在不知不覺間受到影響，而對政治的興趣低落。低落的政治興趣，如何可能在政治功效意識尺度 (scale) 上有高的表現?

如果我們上述觀察是正確的話，似乎對本書各章研究的結論，找到瞭解答的方向。事實上，在過去戒嚴期間，人們在公開場合不敢談論「國事」，乃是由於人盡皆知有若干的「禁忌」存在。就是在傳播媒介上，偶對「國事」有所評論，也是用字措辭迂迴曲折，欲說還休。在這權威主義瀰漫的社會中成長的兒童，如何不對政治冷漠? 如何不具權威主義性格的傾向? 如何有高的政治功效意識? 這二者的存在，皆不利於民主憲政的發展。

現在雖然說社會已較過去自由開放得多了，政治也開始民主化了，但過去傳統社會所積累下來的權威主義傾向的各種因子，似並未大幅

---

❶　Gordon J. Direnzo, *Personality, Power and Politics* (Norte Dame, Ind.: University of Norte Dame Press, 1967), pp. 80–91.

❷　關於政治疏離問題，請參見本人著《當代政治研究：方法與理論探微》，臺北：時英，民國九十二年四月，第十三章。

消除掉。人們的思維偏執僵化，對人對事不夠理性，不能寬容等，似仍然到處存在著。因之，想經由有目的的政治社會化，改變人們的態度，使人們成為現代民主社會中理性、開明、寬容、積極參與的公民，恐怕仍需相當長時間的努力，才有希望產生效果。

美國教育史　林玉体／著

　　本書的主要內容，不只敘述了美國從一個從屬地位的身分躍居於主體性的層次，教育的「美國化」，正是美國教育史的核心要旨。從十七世紀初期美國教育的開發開始，孕育了美國教育的芬芳成果，這是臺灣人士應該學習的榜樣。因為三百多年前，荷蘭人及西班牙人也早已在這塊美麗島上興蓋學校，但如今呢？

美國教育思想史　林玉体／著

　　早期的美國教育思想家，大半拾穗於歐陸及英倫學者的思想耕耘，但「美國本土化」，卻是其後美國教育學者擬透過教育過程來運思的重點所在。本書之撰述，不以傳統的「學派」、「主義」或「形上學」、「道德學說」及「知識論」為章節，而將教育理論與教育實際，配合時代需求一併論述，這正是美國教育的特色。

西洋教育思想史　林玉体／著

　　本書作者從西元前約六世紀時的「辯者」開始，一直到二十世紀的當代教育思想家為止，一一研讀他們的教育著作，剖析其內容，整理分類成系統，評鑑其價值，並以簡明流暢的文字予以陳述，企盼讀者能對西洋教育思想之演變有個輪廓顯明的深刻印象，並從中獲取借鏡，構思出醫治我國教育陳痾之藥方。

西洋社會思想史　　龍冠海、張承漢／著

　　本書旨在探討西洋思想家對於此種觀念的思想內涵，重點則在社會的起源與發展、社會組織、社會變遷、社會問題等等。在時間上，自紀元前第八世紀至紀元後第十九世紀，條理分明，內容充實而不蕪雜，扼要而不繁冗。

韋伯論中國傳統法律
——韋伯比較社會學的批判　林　端／著

　　長久以來，西方人對中國的看法，一直受到韋伯比較社會學裡對比中西社會與文化的影響。本文以中國傳統法律為例，嘗試對韋伯提出批判，說明了韋伯對中國傳統法律與司法審判的看法的誤解與限制。

雅爾達密約與中蘇日蘇關係　　王永祥／著

　　雅爾達密約允許蘇聯恢復帝俄時期在中國東北的利權，並默許外蒙古獨立。抗日戰爭勝利後，除外蒙古獲得獨立外，蘇聯獲東北利權、阻止國民政府接收東北，使中共發展壯大。此中經過，秘辛甚多。作者參考中、美、俄等國外交檔案，旁及其他資料，言人所未言，關心歷史及國際政治者不可不讀。

西洋政治思想史　逯扶東／著

　　本書之主旨在撰述西洋政治思想發展之源流，及各種派別之政治理論特色，藉以瞭知西方政治思想淵源所自，及其實質內涵，並對各時代背景均有所敘及，俾增進了解每一思想產生及消長之因果。是對西方政治、社會、哲學思想有興趣者最佳的閱讀範本。

邁向「歐洲聯盟」之路　張福昌／著

　　本書追溯五十年來歐洲統合的歷史，從1950年舒曼計畫開始到「歐洲聯盟」的誕生，剖析歐洲統合的思想緣起、統合的方法與成果，「歐洲聯盟」的組織架構、十五會員國的概況以及「歐洲聯盟」的擴大與影響。以冀從歐洲統合的經驗當中，思索出兩岸未來的和平方向。

百年來兩岸民族主義的發展與反省
謝政諭／主編

　　處在當前激情的「民族意識」糾葛中，兩岸未來將是持續震盪與衝突？抑或解消對立進而共存共榮？尚待兩岸人民一起抉擇。本論文集結合海內、外學界菁英從多元角度作深入的分析與探索，並試圖提出種種消解對立與雙贏之道，除反省百年來兩岸的民族情操與境遇，更關心未來兩岸何去何從，是不可錯過的巨著。